どこにでもあるどこかになる前に。

富山見聞逡巡記

藤井聡子

目次

題字・地図　藤井聡子
ブックデザイン　吉岡秀典（セプテンバーカウボーイ）

プロローグ

失われた「寂しい富山」

1

富山は一年のほとんどが曇天だ。快晴がないかわりに土砂降りの雨が降り続けることもさほどなく、雪も他県の人が思っているほどは降らない。

二〇〇〇年代半ば、東京で雑誌編集の末端に棲息していた二十代の頃、私は正月の帰省の際、故郷の富山へ向かう特急列車から、日本海沿岸の風景を眺めるのが好きだった。東京駅から上越新幹線に乗車し、山間部の越後湯沢駅で降りて、金沢駅行きの特急列車自由席に乗り換える。ゆっくり座って帰りたいので、新幹線の連結の時間に、混雑する特急を一本見送るのが常だった。

ホームで黒い山肌と白い雪のはっきりしたコントラストを見つめながら、いつも三十分ばかり次の特急を待った。足元から寒さがじわりじわりと身に沁みて、髪の毛が湿気でくるくる内巻きになってくる。到着した特急列車に誰よりも早く乗り込み、日本海が見える進行方向右側、窓際のベストポジションを確保。それから、祖母への土産の東京ばな奈と、歯が欠けそうなほど固い母の好物の草加煎餅、父の夕食になるであろう穴子寿司を荷物棚に置いた。

富山には日本一の堤高を誇る黒部ダム、落差日本一の称名滝《しょうみょうだき》、そして寒ブリ、ホタルイカ、白エビを育む天然生け簀《いす》の富山湾がある。水資源の豊かな県として知られているが、その恩恵を受けているはずの私は、ダムも滝も川もため池も、前世はドザえもんで朽ち果てたのではないかと思うほど大の苦手だった。漆黒の水底に引きずり込まれそうで、とにかく怖いのだ。

しかし陰鬱な冬の日本海だけは別だった。当時はよく、深津絵里になるはずがサモ・ハン・キンポーみたいになった髪をとかし、「この先、どうなるんだろう」とぼんやり考えながら、新潟から富山の県境に広がる日本海を車窓越しに眺めていた。

外では波しぶきの不穏な重低音が轟いているに違いなく、海には決して近づきたくはなかったが、遠巻きに見ているぶんには心が安らいだ。果てのない灰色の風景が、はっきりさせたくなかった私の行く末を、どこまでも曖昧なままにさせてくれたからかもしれない。

かたや東京の冬はというと、ブルーハワイをバケツでぶっかけたような青空ばかりで、私はその下を歩くことが苦痛でならなかった。北陸特有のどんよりした気候で、なおかつ娯楽も少ない富山という地は、転勤者、移住者のなかには、自律神経を乱しがちになる人もいるという厄介な場所であるらしかった。しかし私にしてみれば、東京の冬のドピーカンのほうが居心地が悪かった。羞恥心なきまでに開放的な青空、ダイレクトに突き刺さる日差し。「なぜにそれほど、スッポンポンなまでに青いんだバカ野郎。ひた隠せ!」と、腹が立った。

後になって思えば、結婚もせず、未だ親の庇護を受けて東京でモラトリアムを謳歌していることが、白日のもとに晒されるようで不快だったのかもしれない。しかし私は、何かしら大物になるという、捉えどころのない野望を抱えて東京に出てきたのだ。

「映画監督になりたい」

「雑誌編集者になりたい」

そうやって次々と目標を替えながら、いまだどこにも着地した実感のないまま富山に逃げ帰るわけにはいかない。自分が自分に失望することだけは避けたかった。

曇り空の下、人影もまばらな、ひんやりと冷たい富山駅に降り立つと、いつもそこには父がいた。

「おーい」

軽く手を振り、ニコリと笑って出迎える父の皺の深さと、薄くなった頭頂部にホロリとした。

父は真面目に働けば働くほど、律儀に借金をこさえるような人だった。ギャンブルやタバコはいっさいやらないし、酒は飲むが浴びるほどではない。娘の私が知る限りは女遊びもしない。しかし優秀な技術者だった祖父から受け継いだ精密機械の工場を、ひたすらコツコツ傾かせた。そんな愚直な父に、母は「コケーッ！　コッ！　コッ！　コッ！」と、雌鶏の鳴き声のような罵声を浴びせ続けた。私が小学校に上がる頃には、夫の稼ぎに見切りをつけた母が、それまで封印していた薬剤師の資格を活かし、薬局を開業。それからは母のひとり勝ちとなった。

「奥様ですか？　ご主人はご在宅ですか？」

自宅に電話が掛かってきて、相手が訊けば、

「この家に奥様はおりません。主人は私です！」

母はそう返して、電話を叩き切った。いつしか自宅のローンを支払っている主人は母だけとなり、よって、「この家から出て行け！」というセリフを言う権利があるのも母だけとなった。

「おう、こんな家なんか出てってやるわい！　そのかわり、玄関の前にキレイな段ボールの家作って、住んでやるからな……」

捨てゼリフを吐いた父が家を出て、段ボールを組み立てることはなかった。母もまた、

父を真剣に追い出すことはなかった。私はそんな情けない父が好きだった。ヒステリックでスパルタな母よりも、万年トホホ感をまとっている父が不憫でならず、私くらいは味方でいようと思っていた。母のほうがよっぽど不憫だったことを知るのは、もっとずっと後になってからだ。

帰省のたび、富山駅でうらぶれた父の姿を見るとホッとした。「ああ、あんなに老けちゃって……」と悲しくなるより前に、「まだそんなにハゲ散らかってはないのね……」と、妙に安堵した。

冬の日本海と曇天、そして情けない父の三点セットは、互いに寄り添うようにテッパンの寂寥感をもたらした。なんでもあるようでいて、何もないように思えた東京に疲弊するのとは違い、故郷には切ない寂しさがちゃんと存在してくれていた。それはこの地を出て行った者が抱く一方的な郷愁であり、傲慢さでもあったのだろう。だが私はその〝寂しい富山〟を糧に、東京での二十代を生き長らえたのだと思う。

2

私は二〇〇八年に帰郷し、富山市内の実家の薬局で働きながらライター活動を始めた。

遠きにありて思うものだった故郷が、暮らしの基盤になってからもうずいぶん経つ。東京で何者かになろうとあがくフリにも限界が訪れ、二十九歳になる年に私は〝都落ち〟した。もはや座禅を組んでポクポクポク……と頭をひねらないと、東京に住んでいた六年間の記憶は蘇ってこない。あれほど執着していた町だったのに。

そしてすっかり〝中の人〟になった気でいる私は、外から眺める〝寂しい富山〟をもう味わうことができなくなっていた。だがそれは、富山自体にも大きな変化があったからだ。その変化は、富山市が全国に先駆けて推進してきたコンパクトシティ計画と、二〇一五年三月の北陸新幹線開業によってもたらされたものだった。

「富山市中心市街地活性化基本計画」（富山市Hpより）によれば、二〇〇七年に青森市とともに国から「中心市街地活性化基本計画第一号」に認定された富山市は、「郊外への人口流出に伴う財政難の解消、少子高齢社会と環境配慮」に対応すべく「コンパクトな街づくり」に本格的に着手した。西町《にしちょう》、総曲輪《そうがわ》といった街なかでは、大正時代から続く市内電車の路線にヨーロッパ式の次世代型路面電車、ライトレールが運行を始めた。

街なかのシンボルだった、一九三二年開業の老舗デパート、富山大和《だいわ》の建物が取り壊され、二〇一五年、その跡地には、ガラス美術館と図書館が併設されたTOYAMAキラリが完成した。建築家、隈研吾の設計によって誕生したキラリは、ガラス、御影石、アルミ、立山杉といった富山名物を取り入れた美しい建物だった。中に入ると、二階から六階まで斜めに吹き抜け、それに沿うようにエスカレーターが設置されていた。

新たなシンボルに初めて訪れた私は、明るい開放的な空間にソワソワしながらエスカレーターに乗っていると、背後から知人に呼び掛けられた。

「ピストンさ〜ん！」

自分でつけたペンネーム「ピストン藤井」の場違いさに慌てふためいた私は、持っていたボールペンを階下のフロアへ落っことした。人で賑わうキラキラした空間に転がる、〃バイアグラ〃と記された医薬品の販促ボールペン……。私は一目散にボールペンを拾いに行き、そのまま見学もせず逃げ帰ったのだった。

一九九八年に富山を出て大阪の大学に進学し、その後、上京した私にとって、約十年の空白がある富山の風景は一変していて当然だった。えらく発展したなという感慨もあったが、それよりも「まったく知らない風景なのに、なぜか見覚えがある」という奇妙なデジャヴ感に襲われた。それは、かつての名残を感じたからではなかった。富山の新たな街なかは、なんだか東京のどこかで見たような風景だったからだ。

二〇一五年三月に北陸新幹線が開業し、新しくなった富山駅にも同じような印象を抱いた。父がポツンと佇んでいた侘しい富山駅ははるか彼方、構内は工芸ガラスでラグジュアリーに彩られ、スタイリッシュな路面電車が停車する。へべれけで麺をすすったラーメン屋台は隅に追いやられ、美しいカーブを描くロータリーが設置された。「一番線のお姉ちゃんより、六番線のおばちゃんが作る蕎麦のほうがウマイ」という、私だけが吹聴する都市伝説があった立ち食い蕎麦屋、立山そばも駅のホームから姿を消した。なんの変哲もないロールサンドが、ごく当たり前に美味かったスタンドカフェも撤去された。

駅前の風景もかつての面影はない。二〇一五年、駅前で約半世紀にわたり営業していたシネマ食堂街と富劇ビル食堂街は、〝老朽化〟という大義名分のもと葬られ、新たに専門学校とホテル、飲食店が併設されるビルが建った。ポルノ劇場の猥雑な残り香と、ションベン臭さが漂う酔狂客の聖地は、めでたく無味無臭化された。上司、取引先、女房、旦那への罵詈雑言で燻《いぶ》された、ホタルイカの素干しはもう味わうことができない。

街が洗練されていくたびに私は、壊れたから作るのか、作るために壊しているのかがわからなくなった。アクの強いものを手っ取り早く撤去し、大量生産された白いハコを街に放り投げる。それが、よそから広く人を招き入れることなのかと疑問が湧いた。ヒアルロン酸を注入した顔がだいたいのっぺらぼう化するのと同じく、ここは、どこにでもある、しかしなんだか得体の知れない〝どこか〟になっていく。

3

画一化の一途を辿る富山で、北陸新幹線開業から二年後の二〇一七年、衝撃的なニュースが駆け巡った。富山を代表する総合機器メーカー、不二越《ふじこし》が、本社を富山から東京に移転すると発表したのだ。その会見の際に同社の本間博夫会長が、東京に移転する理由を、グローバル化に向けた「優秀な人材の確保」と発言。「富山県は閉鎖的」だから「ソフトウェアの開発者（ホワイトカラー）は富山では極力採用しない。ただしワーカー（ブルーカラー）は採用する」と続けた。これは就職差別であり、地方の労働力を搾取すると堂々と言い放ったに等しく、私は強い憤りを覚えた。当然、多くの県民の髪も逆立ち、全国規模のニュースとなった。

不二越は、私の祖父が勤めていた会社だった。不二越が戦後復興に邁進する原動力となった、ベアリングの開発に携わったのが祖父だった。そして天皇陛下から勲章までもらった祖父が独立して興した工場を、ゆっくりと、たしかな歩みで傾かせたのが父だ。

不二越は一九二八年に富山市に創業し、戦時中は軍需工場として稼働。戦後は富山の地場産業として地域を支えた。〝不二越〟と名のついた町や駅ができ、病院や高校まで作るなど、富山とともに生きてきたとも言える企業のトップから、突然「富山なんて大嫌い！」と言われたようなものなのだから、県民にしてみればえらいこっちゃである。「富山は閉鎖的」の指摘に関しては、その通りだと思う。たしかに富山は閉鎖性を抱えた場所だ。しかしグローバル化の結果として、地域のオリジナリティを失い東京に同質化することが、世界的企業へ躍進することなのだろうか。閉鎖的だからこそ、生まれる魅力もある。

帰郷後、酒場に繰り出すようになった私は、いろんな地元の人たちと知り合いになった。

「富山ちゃ、な〜んもないちゃ」

そう自虐的に謙遜するくせに、「本当に何もないですね」と観光客が同調すれば、「立山も魚もあるわい！」と逆ギレする。家を建てて子供を育てるのが必修科目で、そのレールから外れた人を白い目で見る。困っている人をスルーできるほど非情ではないが、その杭が自分以上に出てきたら打つし、酒場ではえげつない悪口が飛び交う。東京への憧れは根強くあるものの、東京風を吹かすスカした奴にはとことん冷たい。

私が出会った富山の人たちは、おらが村のスター女優、柴田理恵がテレビで誇らしげに「実直で勤勉」と語る県民性のイメージを、ズズズーッとことごとく横滑りしていった。まったくもって心の狭い、面倒くさい人種ばかりだった。それが私には鬱陶しくもあり、面白くもあった。閉鎖的だからこそ培われた富山の〝えぐみ〟は、ここでしか味わえない珍味のようなものだと思った。しかし北陸新幹線が開業し、コンパクトシティとして世界に向けて発信するようになったことで、富山は表面上〝開かされ〟てしまったのだ。

北陸新幹線を歓迎していないわけではない。かつて四時間近く要した富山―東京間は、越後湯沢駅を経由せずに中央アルプスをくぐり抜け、二時間半ほどになった。私自身もちゃっかり東京へ飲めや歌えやしに行っているし、県外の友人も富山へ来てくれるようになった。私のぼやきは、単にセンチメンタルな思い出に過ぎないのかもしれない。新幹線が通ろうが、駅前の食堂街がなくなろうが、町の風景が平たくなろうが、不二越の会長が暴言を吐こうが、

「あいつ、ダラ（バカ）やのぉ～」

そうやってひとまず嘆けば関心を失う。私たち県民の日常に大した影響はないのだから。

だが、ある冬の日、クリスマスシーズンの出来事だった。東京の宴から新幹線で富山駅へ戻ってきた私は、忘れられない光景を目にした。

駅構内では、市民グループによるクラリネット演奏会が催されていた。聴き覚えのあるクリスマスソングが流れていたが、私が自動改札を抜けた瞬間、それは突然始まった。

「ポッポッポーポポッ、ポーポー」

こ、これは……。

「ポッポッポーポポッ、ポーポー」

もしや……。

「ポポポポッ！　ポポポッ！」

それはスナックのカラオケでお馴染み「男と女のラブゲーム」だった。

「ブーッ！」

私は思いきり噴き出した。エレガントな駅構内に漂うズッコケた場末感。

「♪ポポポポポーポーポー」（飲みすぎたのは〜）

「ホイ、ホイ、ホイ」（あなたのせいよ〜）

そして始まる手拍子。ああ……侘しい。なぜにその曲をチョイスした？

でもこれこそが、私が恋い焦がれていた〟寂しい富山〟だ。きらびやかさと哀愁の相容れなさ。これでいい。これがいい！　私の愛する故郷はこんなふうに侘しくて、素っ頓狂で、珍奇で、毒々しくて、美しいまでにグチャグチャのはずだもの。胸が締め付けられた。

三十歳手前で始まった富山ライフ第二幕では、富山の保守性が次々と私の前に立ちはだかった。煮しめたような価値観に違和感を抱きつつも、しかしそれらに上からコンクリートをぶっかけてなかったことにするのが、この地が目指すべき脱閉鎖性だとは思わない。

この地の凸凹をなぞり、チグハグを浮き彫りにする作業を私はやるべきではないだろうか。私はこの場所で悪態をつきながら生きる人たちを、この場所で書いていきたい。たとえコンクリートで抑えつけられたとしても、狭間からぐんぐん顔を出してくる〟ど根性大根〟のような富山を見つけたい。

いいも悪いも何もかもが、等しくフラットにされてしまう前に。

第1章　迷走上京物語

1

ご多分にもれず、私も面倒くさい人種の富山県民である。なぜ富山を出て、そして戻ることになったのかを記しておかないと先に進めない。無名のライターの上京物語をネチネチ綴ることをお許しいただきたい。

最初に富山を離れたのは十九歳になる年だった。小さい頃から映画が大好きだった私にとって、幼少期はジャッキー・チェン、思春期は往年の時代劇スター、市川雷蔵がアイドルだった。一九九八年、大阪の私大の芸術理論コースに進学した後は、映画監督、塚本晋也に夢中になった。塚本晋也のデビュー作『鉄男』と、当時の最新作『東京フィスト』をレンタルビデオで観たときは、あまりの面白さに驚いて目がまん丸になった。塚本作品には、笑っちゃうほど真摯で、極端に振り切れることでしか〝生〟を感じることができない人たちの、もがきが描かれていた。それを慈しむ塚本さんの眼差しに、私は猛烈に心を震わせた。しかも彼は、監督、主演だけでなく脚本、撮影、編集という制作面すべてを担っていた。私はインディーズ魂が荒ぶる塚本さんに憧れるようになった。

そして大学の卒業間近、いよいよ就職せねばならない時期になり、私は塚本さんが代表を務める映画製作会社、海獣シアターへ入社を乞う直談判の手紙を書いた。いかに塚本さんの映画が素晴らしく、偉大か。そして私もチームに入れてほしい旨を、便箋十枚にビッチリと筆圧強く書いた。だが、その手紙を出すことはなかった。塚本さんに断られるということは、大好きな映画そのものに拒絶されるということであり、その絶望に耐えられる自信がなかったのだ。

当然、就職にあぶれた私は、大学卒業後に富山へと一時、強制送還された。しかしこのままいくと親の監視のもと、実家の薬局のレジ打ちをさせられる日々が待ち受けている。

「一生のお願い！」

母に伝家の宝刀を振りかざし、泣きながら懇願した。

「映画作りたいが！」

そしてネットで探しあてた競争倍率の低そうな、ピンク映画をメインに扱う映像制作会社に、脚本家見習いとして弟子入りを申し出たのだった。知らない会社の門を叩く浅はかさはあっても、憧れの海獣シアターに手紙を出す度胸はなかった。

今思えば、私は映画そのものではなく、「映画を作る人」に憧れていた。煎餅をバリバリ頬張りながら、好きな映画のＤＶＤを観たり、映画雑誌をスクラップしたり、リビドーをつらつらと日記に綴ったりすることを永遠に繰り返したかっただけだった。単なる、映画好きでニート体質の人間だった。そのことに一ミリも気づかないまま、二〇〇二年の初夏、私は映像制作会社に入社すべく、富山から東京、中野新橋の六畳一間へ引っ越した。二十三歳になる年だった。

脚本家見習いの三カ月間は無給なので、母の仕送りだけが頼りだった。父の代わりに藤井家の家長とならざるを得なかった母は、夫の借金を返済しながら、バカ娘の学費と生活費を負担し続けた。

「アンタとクソジジイさえいなければポルシェ三台は買えた」

恨み節を吐き、「アホ！　カス！」と口汚く罵りながら、いつだって娘の蛇行運転に付き添っていた母は、ずっと密かに思ってくれていたらしい。

「もしかしたら聡子は、とんでもなくユニークな人生を歩めるのかもしれない」

そのことを知ったのは、富山に帰郷した後、三十歳を過ぎてからだった。しかしそんな根拠のない期待を誰よりも私に寄せていたのは、他でもない私自身だった。父や私よりもはるかに追い詰められていた母のしんどさを理解しないまま、迷走まっしぐらの私の上京物語は幕を開けた。

2

ピンク映画は、斜陽の一途を辿っていた八〇年代の映画界で唯一、踏ん張りをきかせていた。ＡＶ業界の隆盛によって九〇年代に一度は衰退したものの、滝田洋二郎、周防正行らピンク映画出身監督の活躍もあって、二〇〇〇年代あたま当時、再評価のムードが高まっていた。しかしどういうわけか、私の入った会社ではその兆しはまったく感じられなかった。まだ入りたてで、内部事情を知らなかったせいもあるかもしれない。

新人の私の仕事といえば電話番だけだった。蟹江敬三のような顔をした監督にメガホンで頭を殴られ、灰皿が飛んで来るかもしれない。そんな恐怖の現場を想像していたが、小汚くて貧乏くさい、猫背の男の先輩が二人と、経理を担当していた女の先輩が一人いるだけの事務所は、撮影の手伝いもなければ事務所の雑用すらなく、暇を持て余していた。

「さっさとギャラ払えよ！」

たまに電話が掛かってきたかと思えば、芸能プロダクションの人の恫喝だった。

「なんで富山からわざわざこんな所に……」

先輩からそう言われ、私も心の中で激しく同意した。事務所はいつも静まり返り、みんなの貴重な若さをすり減らす、ジリジリという音だけが聞こえるようで、ひたすら気が滅入った。耐えきれなくなった私は、「父が病気になったので実家に帰ります」と会社に置き手紙をしてトンズラぶっこいた。在籍期間わずか一カ月半だった。

会社から連絡が来るのが怖くて、携帯電話の電源も切っていた。もともと給料がないので肩書きは無職のままだったが、名実ともにプータローとなった私は、中野新橋のアパートに引きこもり、日韓ワールドカップの日本戦を声を殺して応援する業務を自分に課した。

会社を辞めたことは母には口が裂けても言えなかったが、会社の女の先輩が心配して、父の看病をしているはずの私に宛て、「お父さんの体調はいかがですか？」と実家に手紙をくれたことですぐに嘘がバレた。

土曜の昼、唐揚げ弁当を完食し、惰眠をむさぼっていたときのこと。けたたましく鳴るチャイムの連打で飛び起きた。

ピンポン！　ピンポン！

髪はボサボサ、Tシャツはヨレヨレ、顔はギトギトで人様にお見せできるシロモノではない。居留守を決め込んだ。

ドン！　ドン！　ドン！

「聡子!!!」

尋常じゃなく揺れるドアの向こうから、怒りの口調で私の名前を呼ぶ声がする。

「に、兄ちゃんだ……」

余計に出られるわけがない。連絡が取れずに「死んどんがじゃなかろうか」と心配した母が、当時既に東京で所帯をもっていた兄を私のアパートに急行させたのだった。

狭い部屋のベッドの端っこでアワワと震えていると、おそらく兄は私がいると察知したのだろう。激しい連打音の後、しばらく沈黙が続いた。

「みんな心配しています。連絡するように」

兄はドアの隙間にメモを挟んで帰って行った。

当時、三十歳になろうとしていた兄は、リクルートの社員編集者として「R25」を立ち上げ、フリーペーパーの一時代を築こうとしていた。兄は私のカルチャー面を形成した人物だった。イギリス人ポップデュオ、ワム！のヒット曲「ウキウキ・ウェイク・ミー・アップ」を兄に聴かされたとき、私はまだ六歳だった。兄は保育園児をダシに使い、地元のKNBラジオ「相本芳彦のぽっぷん王国」にハガキでリクエストさせた。

「あいもとさん、うきうきうぇいくみーあっぷをかけてください」

そして、富山では週遅れで深夜放送されていた洋楽ヒットチャート番組「ベストヒットUSA」を録画し、熱心に見ていた。

「今週の第一位はa-haの『テイク・オン・ミー』なんやぞ」

日本語もまだおぼつかない妹に、兄は八〇年代洋楽ポップスの英才教育を施した。

調教師の教えに従順についていった妹は、兄がフリッパーズ・ギターを筆頭とする渋谷系サウンドにハマれば渋谷系に、洋楽雑誌「ロッキング・オン」を読めば追随して読んだ。大阪の大学に進学した兄から、タワーレコードの黄色い袋をもらっただけで、「富山にはないCD屋の袋だ！」と喜び、ポーチとして自慢気に中学校に持って行った。

やがて私も大阪の大学に進学し、兄が就職で上京すれば私も上京した。いつも兄の見えない背中を追っていたような気がする。しかし兄も未踏の世界だった日本映画に没入したことで、私は初めて自分の意志で「映画監督になりたい」と願った。調教師の元を離れ、自我を芽吹かせてくれたのが映画だったのだ。しかしその大切な自我すらも、上京してたったの一カ月半で放棄してしまった。

「外出してました！　聡子は生きとるぞ～い！」

兄には脳天気なメールを、

「東京で、這いつくばってでも表現者として生きていきます」

母には悦に入った手紙を送った。そんな手紙をもらった母は、中華鍋で私の後頭部をフルスイングで殴りたかっただろうと思う。母にも兄にも会わせる顔がなかった。

ジャッキー・チェンの『スパルタンX』のように、老若男女をワクワクさせる映画を作りたい。「キネマ旬報」に褒められたい。カンヌ映画祭の赤絨毯を歩きたい。塚本晋也と酒を飲みながら、映画について語り合いたい。そんなふうにあれこれ思い描いていた夢が、あっさり破れてしまった。にもかかわらず、夢破れたことに大してダメージも受けず、サッカーを見ながら唐揚げ弁当を食べている自分の無神経さが、ただただ後ろめたかった。


制作会社から逃亡して一カ月経っても、私は相変わらず中野新橋の六畳一間に潜伏していた。かろうじて自分と社会を繋いでくれた場所はコンビニだった。

昼過ぎに起きてひとしきりワイドショーを眺めてから、夕方頃ようやくモソモソ着替え、アパートの向かいのコンビニへ出掛ける。手羽先の焼いたやつと塩味のカップ麺をレジに差し出し、知り合いなんてたったの一人もいないのに、面が割れないようにそそくさと店を出た。平日の真っ昼間に酒を買いに行くのは世間様にしのびなく、店員さんに無職だと勘づかれたくもなかったので、仕事帰りを装って夕方五時以降に来店するのが自分の中のしきたりだった。

「いらっしゃいませ」

「どうも」

レジで何かのついでのように店員さんに声を掛けられ、伏し目がちに返事をすることが、唯一、社会と交わすコール&レスポンスとなった。一カ月間、毎日同じコンビニに通ったが、店員さんと打ち解けることはなく、判で押したような客と店員の会話が繰り返されるだけだった。

「役立たずのくせに、ウンコだけは世の中に生んでるんだな」

誰にも素性を知られぬまま、メシを食べるために排泄し、排泄するためにメシを食う生活が惨めでならなかった。

本来はひとりでいるのが好きなほうだが、このときばかりは人恋しかった。私のアパートを訪ねてきたのは怒髪天を衝いた兄と、酩酊して部屋を間違えた二軒隣のヒモ男ぐらいで、頼れる知人も家族も近くにいないことが、これほど孤独だとは知らなかった。

とにかく映画に携わる職業に就かねば、母を騙してまで東京に棲息している意味がない。大事な局面で逃げてばかりの半生を振り返ったとき、映画や音楽の感想文を書くことだけが、自分がやり続けてきたことだと思い当たった。それからいつものコンビニへ出向き、求人情報誌と履歴書という、初めて食料と酒以外のものをレジに差し出した。私は雑誌編集者の職を探し始めたのだった。

「映画好き大歓迎」というDVD情報誌編集部の募集要項を見つけたときは、「絶対に採用してもらわんと困る」という切迫感以上に、「耳の穴かっぽじって私の話を聞け！」というはやる気持ちを抑えきれなかった。すぐさま心のベストテン第一位の映画『スパルタンX』について、思いの丈をぶちまけた自己紹介文をワープロで打ち込み、履歴書に添えて送った。

「映画好きの人間がここにおりますぅ〜！」

悲痛なSOSが聞こえたのか、『スパルタンX』が好きなことは、すごく伝わった」と、採用担当の部長による救助の報《しら》せが届いた。中野新橋のコンビニに現れる未確認生物だった私を、「実在している」と認めてくれたのだ。上京から三カ月後の二〇〇二年八月、私は映画作品を主に扱うDVD情報誌の編集部員になったのだった。

3

人との接触に飢えていた私は、「おはようございます」と言える相手ができたこと、『スパルタンX』の藤井」と認識してくれる相手ができたことに舞い上がった。給与が発生する会社に入れたことは、「東京にいてもいいよ」と正式に承認してもらえたようで心から嬉しかった。しかもメインの業務は、映画を観て紹介することなのだ。誰に読ませるわけでもなく、小学生の頃から続けてきた習慣でお給料をもらえるとは！　映画監督になるという夢を破り捨て、上京してから三カ月間プータローだった不毛な時間は、この天職に巡り合うために必要だったとすら思った。

中野新橋駅から、慌ただしく丸ノ内線新宿行きの通勤列車に乗り、息を切らしながら早歩きで新宿の人混みをぶつからずに歩けるようになった頃には、無職の田舎者からスマートな東京人へと、自分のステージが確実に上がったような気がした。

さらには入社早々、これまでの私のボンクラ人生を帳消しにするボーナスステージが訪れる。先輩に連れられて行った試写会場で、憧れの塚本晋也に遭遇したのだ。ついこの間まで、稲本潤一が蹴るサッカーボールを、テレビの画面越しに死んだフナのような目で眺めていた自分が、今じゃナマの塚本さんを目を見開いて凝視している。東京ってすげえ。あまりの落差にクラクラした。

映画を観放題という職場環境もありがたかったが、映画に精通している上司や先輩との映画談義が楽しくてたまらなかった。

「『七人の侍』まだ観てないの？　映画雑誌やるんだったら黒澤は観ないとダメだよ～」

映画の知識量を競い、同僚と小生意気なジャブを打ち合うことも喜びだった。劇場未公開の作品を会社で視聴させてもらい、先輩とランチを食べながらゴールデン・ハーベスト映画のベスト3を決め、同僚と旧《ふる》い日本映画を求めて新宿TSUTAYAを徘徊する。私は仕事とプライベートの境なく、職場の人たちと映画について喋り倒した。東京に来て一瞬で目的を失ってしまった私にとって、映画好きという自我を取り戻すことは死活問題だった。作る側になれずとも、雑誌編集者という紹介する側で、映画に人生を託す人たちがいると知れたことは、東京にいるうえで大きな希望となった。

ところが私に最初に与えられた仕事は映画ではなかった。毎月五十本くらいのDVDの解説を百字から二百字ほどでまとめるのだが、私が担当したグラビアアイドルDVDは、ほとんどがペラ一枚の紙資料だけだった。アイドルが制服を着たコスプレ写真が、唯一の資料というパターンもあった。

「あのぉ、情報が薄すぎて原稿が書けません……」

「この写真をくまなく見たか？　お前はこの白いソックスとくるぶしの隙間に、宇宙を感じないのか？」

上司に泣きを入れると真顔で突っ返された。その後、妄想力と語彙力を鍛え、くるぶしにアンドロメダ星雲を見出せるようになった私は、ようやく映画の編集ページを任された。初めて誌面として形になったときは、有頂天になって実家に雑誌を送った。これでやっと自活できるようになったことを証明できる。「娘はちゃんと東京砂漠をサバイブしているぞ！」と、母の耳元でフガフガと鼻息荒く叫びたかった。

上司にいくら怒られようが、過酷な徹夜作業で口の周りにヒゲが生えようが、一向にへっちゃらだった。むしろ気の合う職場の人たちと、唯一無二の仕事をしているのだと誇らしかった。

東京に生まれ育ったパチンコ好きの上司、肉をおかずに肉を食う埼玉出身の先輩、東京のベッドタウン育ちの冷静沈着な同僚、北関東から上京してきた毒舌家の年上の後輩、『ロッキー』を崇拝する雪国出身の年下の先輩。故郷も世代も異なる、てんでバラバラの人生を送ってきた人たちが、いまここでは「雑誌を作る」という目標に向かって併走している。たとえ個性がぶつかりあって衝突しても、この場所には、同じ釜の飯を食えば和解するような疑似ファミリー的な絆の強さがあった。私はそういう、ちゃんと熱を帯びた仲間を欲していたのかもしれない。ようやく東京にかけがえのない居場所ができたと思った。

二年目の夏を迎えた頃には、我が青春のアイドル、市川雷蔵の特集ページを担当する機会にも恵まれた。早く両親に雷蔵の掲載誌を見せたくて、お盆休みを今か今かと待ちわびた。そんな浮足立った私を見て、先輩が何気なくつぶやいた。

「帰れる場所があってうらやましいよ。俺は新宿で生まれ育ったから、故郷って感覚がわかんないんだよね」

私には先輩のほうがうらやましかった。東京には映画館もライブハウスも本屋も山ほどあるし、あらゆる最新の情報が集まるじゃないか。「富山は集客が少ないし、ノリも悪いから」という理由で、新潟から富山を飛ばして金沢でライブを行うJポップアーティストを、「こ、こんにゃろう……」と苦々しく思った経験はシティボーイにはないだろう。「ロッキング・オン」のライブレポートを読んで、部屋で夜な夜なヘッドバンギングし、「キネマ旬報」に載っている注目映画を脳ミソで妄想上映しては、架空レビューを日記にしたためていた田舎の女子高生の姿など想像もつくまい。思春期の悶々とした気持ちを東京で解消できる歓びに溢れていた当時の私にとって、富山は余暇で帰る場所であって、自分がいずれ戻る場所だとは考えていなかった。

会社の休憩室で映画のＤＶＤを観て、みんなで感想を語り合い、企画を練って雑誌を作る。毎月繰り返される濃密な時間は、「映画を作りたい」という未消化の私の想いを「雑誌を作りたい」へ変容させるのに十分だった。目の前の業務に追われ、自宅と会社と飲み屋を往復する生活でも、気心の知れた人たちに囲まれた箱庭は楽しくて居心地が良かった。

しかし本来編集者には、街に繰り出して情報を収集し、時代を俯瞰《ふかん》する視点を養うことが必要とされる。好きな映画館や書店にすら足を運んでいなかった当時の私は、内輪の交流だけで満足してしまっていた。東京の青空のもと羽ばたいている気でいたが、せいぜい半径五十メートルが自分の行動圏内だった。人と情報に溢れ、選択肢がゴロゴロ転がっている東京にいるだけで、自分自身の世界も広がった気がしていた。

そしていつしか私は袋小路にはまっていった。映画の解説文には正確で幅広い情報が求められているのに、自分の熱量を一方的に吐露し、上司に何度も指摘された。

「お前の感想文を書いてどうすんだ！」

メインの読者層は最新のハリウッド大作を好むのに、旧い日本映画を集めた企画ばかり出しては、ほとんどボツになった。漏れ出るエゴを封じ込めることができなかったし、したいとも思わなかった。そして二〇〇五年の夏、私は三年間お世話になった会社を去ることに決めた。ようやく見つけた、大好きな場所だったのに。

深夜、会社のコピー機の上に出没したゴキブリがベラベラと宙を舞い、「ギャー！」と頭を抱えて逃げ回っていた私のワキの下にとまったこと。そんな私を置き去りにしたまま、みんな一目散に外へ逃げ出したこと。自宅で爆睡してしまい、夜の十時過ぎに出社して「お前は殿様か！」と上司に怒鳴られたこと。入稿作業を終え、肉好きの先輩を先頭に、深夜、みんなで新宿の焼肉屋に突撃したこと。丑三つ時のビールが極上の味だったこと。私が「藤井聡子」であると、東京で初めて認識してくれた人たちと過ごした日々は、一生忘れることはないと思う。

4

私が次に選んだ職場は小さな音楽出版社だった。六〇〜七〇年代のプログレッシブロックをメインに扱う洋楽雑誌の編集部だ。その雑誌はキング・クリムゾンやビートルズといった不動の地位を獲得しているバンドを、わんこ蕎麦よろしく何度も飽きもせずに特集しては、現在の音楽シーンとの接点や普遍的な魅力について掘り下げていた。

対象が映画ではないが、幼い頃から兄に音楽の調教を受けていた私は、ここが新たな目標だと信じて転職した。若手の音楽ライターからベテランの音楽評論家、大学教授まで、幅広い執筆陣を揃え、評価が定まっている作品を現在の視点で多角的に捉えようとする誌面づくりは、DVD情報誌時代にはやりたくてもできなかったことだった。

デビューしたてのインディーズバンドの発掘、来日した外国人ミュージシャンの取材、連日のライブハウス通い。塚本晋也に遭遇したときと同じように、学生時代の自分が抱いていた願望を仕事にすることは、自尊心を大いにくすぐった。「合コンに明け暮れるそこらへんの女子」を「ケッ!」と嘲笑し、「自分の世界観を持ったオンリーワンの私」を標榜した。ウンチクを傾けるおじさんたちが群がるプログレの世界へと足を踏み入れ、「若い女の子がこんな音楽聴くんだ!」と驚かれることで、私はオンリーワンの欲求を満たしたのだった。

しかし三年も音楽雑誌にいれば、そんなスペシャルな出来事も日常に組み込まれていく。名盤を現代的なアプローチで論じるという志は徐々にしぼんでいった。そもそも私はニート体質のミーハー人間である。

「映画監督がダメなら、映画雑誌の編集者」

「映画雑誌がダメなら、音楽雑誌の編集者」

そうやって目標を次々と替えるうちに、いつしかミーハーな願望を攻略してしまっていた。何かを発信したいという情熱は心細くも灯し続けていたが、それを実現するための新たなモチベーションを東京で見つけられずにいた。

そんな私の心境とシンクロするように、編集部の先行きにも暗雲が立ち込めてきていた。二〇〇八年当時、出版不況の風はあちこちで吹き荒れ、あらゆるジャンルの雑誌が次々と姿を消し、出版社の倒産も続いていた。数は少ないものの熱狂的な読者を獲得し、十年にわたり発行してきた我が音楽雑誌も例外ではなかった。私のデスクのすぐ後ろにある打ち合わせスペースからは、経営の話し合いをする上層部のヒソヒソ声が、頻繁に漏れ聞こえるようになっていた。

音楽の普遍性を愚直に論じてきた雑誌が、大きな時代の流れに飲み込まれようとしていた。ひとつの雑誌が死んでいくさまを目の当たりにし、グラついていた私の心はポッキリ折れてしまった。東京にいる理由も、ハッタリをかまし続ける気力も失われていた。

何者かになろうとあがく娘の小芝居に、幕が下りかかっているといち早く察知したのは母だった。その頃から私が富山に帰郷するたびに、「いつこっちに帰ってくるが？」と怒気を込めて訊かれるようになった。結婚適齢期の娘が相手もおらず、仕事の展望も野望もないまま東京で迷走しっぱなしの姿を見て、心配でたまらなかったのだろう。

「いい加減こっちで家業の薬局を手伝って、地に足をつけなさい」

母は私に助け船を出してくれたのだった。私自身も先行きの見えない東京ではなく、富山で腰を据えて、何かを発信するやり方もあるのではないかと思い始めていた。

「当面は実家で薬局の仕事をしながら、ローカル雑誌で編集の口を探そう。これでも東京で六年間、雑誌編集者をやってきたんだし、きっと大丈夫」

勘違いでもそう思い込まないと、会社を辞める勢いがつかなかった。会社を辞めるとはすなわち、憧れだった東京を去ることを意味していた。

上京から六年、二十九歳を目前にした二〇〇八年の春、私は富山へと〝都落ち〟することになった。表向きは「我が東京ライフに悔いなし」と強がっていたが、ここで出会った刺激的な仲間と会えなくなるのがつらかった。私が東京にいたことを、みんなに覚えていてほしいと思った。

5

上京していた高校の同級生たちも、三十歳になる前にほとんど富山へ帰った。地元企業の家に生まれた、いわゆるボンボンである野上とトモトシも、いずれ家業を継ぐという宿命を背負っていた。

ふたりが帰郷を目前にしたある夜、東銀座の居酒屋で三人集まって送別会を開いた。私もすでに富山に帰ることが決まっていた頃だった。東京の私大の薬学部に進学した野上は、卒業後に実家の薬局の二代目になる予定だったが、修業という名目でそのまま東京の薬局に就職した。だが彼は薬剤師を隠れ蓑に、お笑い芸人になる道を模索していた。芽が出れば、本格的に芸人として生きていくつもりだったが、そうはならなかった。

「俺は富山に帰ることはプラスだと思ってる。プラスで帰る」

飲み始めて一時間半ほど経った頃、野上は自分に言い聞かせるようにつぶやいた。

「俺は完全にマイナスだわ。マイナスからスタートさせてゼロにしていく」

温厚な性格のトモトシが珍しく語気を強めて返したので、私は少しビクッとなった。野上と同じく大学進学のため上京したトモトシは、広告代理店に就職。広告マンとしてステップアップの転職を果たした直後、お父さんが亡くなった。思い悩む猶予すら与えられないまま、一族が築いた会社を支えるべくトモトシの帰郷が決まった。

「お前、マイナスで富山に帰るなんて言うなや！　プラスにしてから帰れ！」

「いや、そんなふうに思えないし、思いたくない」

東京でやり切ったと区切りをつけないと、奮起できない事情が野上にはあったし、まだ東京でやりたいことがあったと、未練を残さないと旅立てない気持ちがトモトシにはあったのだと思う。どちらの気持ちも痛いほどわかった。口論する二人を前に私は何も言えず、ひたすらビールを胃に押し込んだ。

出版社を去る日が決まり、私はお世話になったレコード会社の人たちや、ライターさんたちへの挨拶回りを始めた。

「また東京で飲みましょうよ」

「富山はロカビリーのメッカだから、そういう情報も教えてね」

みんなが慰めるように声を掛けてくれた。その人も励ましのつもりだったのだろう。あるベテランのライターさんが笑いながら言った。

「食いっぱぐれのない家業があるなんて、すごい恵まれてるじゃないですか。僕なんか音楽ライターなんていう、ろくに稼げない仕事しかできないからうらやましいですよ」

「まあ、そうですね。ありがたいです」

私はなんとか返答したものの、その言葉は私や野上やトモトシ、そして富山に帰った同級生すべてに向けられている気がして、だんだん心に鈍い痛みがうずき出した。

世間からすると、薬剤師という担保を持ちながら芸人を目指していた野上は、ハングリー精神の乏しい人間に見えるだろう。しかし「これしかできない」と思い切ることも諦めることもできず、家業と夢の狭間を右往左往した野上の逡巡は、単なる金持ちの道楽で済まされてしまうのか。ようやく念願の職種に就けた矢先に、畑違いの大企業へと送られたトモトシの将来は、人がうらやむほど安泰なのだろうか。私にはそうは思えなかった。

「たとえろくに稼げなくとも、あなたは自分でその道を選び、自分で閉ざすことができるじゃないか」

私は怒りにも似た感情を、その人にぶちまけたくなった。でも鈍痛の理由はそれだけではなかった。野上とトモトシのようなしがらみもなく、勝手気ままに東京をやり過ごし、食いっぱぐれそうになったら手を差し伸べてもらい、おまけに富山で仕事まで用意されている。その人が言うように、私はひどく恵まれた箱入り娘だった。

「三十にもなろうとしているのに、バカみたいに甘ったれですね」

そう嗤《わら》われたようで、死ぬほど恥ずかしかった。

本当の夢はなんだったのか。本当は東京で何をしたかったのか。今となっては忘れてしまった。そもそも何もなかったのかもしれない。

富山へ帰る直前、行きつけだった新宿三丁目のバーのマスターに尋ねられた。

「聡子は何しに東京へ来たの？　想い出作りに来ただけ？」

それまで溜めていたものが一気にこみ上げてきて、ただ「んぐぇ、んぐぇ」とウシガエルの号泣で返答するしかなかった。それは夢が破れてしまったからとか、東京に負けたからではなく、「富山に戻るということは、いよいよごまかしがきかなくなる」と思って、怖くて泣いた。

いつでも手を広げて私を迎え入れてくれたはずの故郷は、東京以上に未知で、なおかつ逃げ道のない恐ろしい場所であることに、帰る間際になって初めて気がついた。

第2章　都落ち、アラサー、独身女の憂鬱

1

静岡や山梨の人にとって、富士山が原風景であり郷土の誇りであるならば、富山県民にとってのそれは立山だ。

「今日の立山、きっれいやね〜」

「今日、立山、えらい黒々とでっかく見える。そろそろ雨降るわ」

県民は挨拶がわりにその日の立山の様子を話題にする。一年を通して曇天の多い富山だが、貴重な晴れ間には水色の山肌に万年雪の白い筋が入った、ハッとするほど美しい立山が、くっきりと浮かび上がる。夏は青々と山肌を露わにし、冬は真っ白な雪化粧を施す。

四季の移り変わりを、立山は青と白のコントラストで表現するのだ。

富山市郊外にある私の実家の裏には田んぼが広がり、そのずっと先には立山連峰が鎮座する。田んぼに加え、医薬品の卸問屋、パチンコ屋、ラブホテルといった日常風景の背後で、それらすべてを受け止めるように連なる立山の凛とした佇まいは、いくら見ていても見飽きるものではなかった。どんなに町や人が変わっても、立山はビクともしない。

二〇〇八年春、私が東京から実家に戻ってきた日も、当たり前のように立山はそこにいた。

「すいません、帰ってきちゃいました」

ブレない超然とした立山の姿を前にして、私は妙に申し訳ない気持ちになった。

大学卒業後、大阪から強制送還されて上京するまでの一カ月を除き、私はほぼ十年ぶりに父と母、そして祖母とともに暮らすことになった。十八歳まで過ごした自分の部屋は物置きになっており、まずは部屋を片付けるところから富山での新生活がスタートした。

父のゴルフバッグや工具、母の着なくなった洋服で私の六畳間は占領されていたが、壁には市川雷蔵のポスターやカート・コバーンの切り抜きが貼られたままで、思春期のくすぶりはプスプスと漂い続けていた。タンスの奥からは、ビデオテープを何度も巻き戻して書き起こした黒澤明監督『羅生門』のお手製シナリオや、「HEY! 君はOYAYUBI姫」と題された謎の作詞メモなどが続々と発掘された。私はあの頃の自分を裏切ってしまったのだなあと、しょっぱい気分に苛《さいな》まれて片付けは一向に進まなかった。

失笑まみれの中学、高校時代の思い出の品と、レコードやDVDといった東京の戦利品と格闘していると父が様子をうかがいにきた。

「おっ、やっとるね。お前らしい部屋になっていっとんねか」

十七歳のある日、父が突然、ギターを買ってくれた。私のテストの成績を査定し、褒美に雑誌やCDを与えるのは母の役割だったが、ギターをねだったときは、ますます勉強しなくなるからと相手にしてもらえなかった。そこへ、露ほども期待していなかった打率ゼロの父が降臨したのだ。

父に連れられて総曲輪の楽器店へ向かい、フェンダー風ストラトキャスター、ミニアンプ付き三万円の初心者セットを買ってもらった。家に帰り、母にバレないよう、ふたりで私の部屋にこもり、アンプに繋いだギターの六弦をおそるおそる弾く。

「ボイ〜ン」

「おおお〜!」

くぐもった音に、父と顔を見合わせて歓喜の声を漏らしたその刹那、母がドガ〜ンとドアを蹴破って部屋に入ってきた。

「あんた、何を余計なもの買っとんがけよ! 聡子がますますダラ（バカ）になんねか!」

母にものすごい剣幕で詰め寄られた父は、アガガッとなりながらも叫んだ。

「ギ、ギターも芸術だ！」

父の辞世の句が響いたこの思い出の部屋で、まさかふたたび過ごすことになろうとは。十八歳までのサブカル女子育成期の記憶が沈殿する沼に、二十代を過ごした東京への恋慕と、これから三十代を生きる富山での現実が追加投入されていく。あっという間にぬかるみに足を取られそうだなと思い、憂鬱になった。

2

実家の隣には薬剤師の母が立ち上げた薬局があった。私が東京でミーハーな願望を攻略している間に、母はこれから訪れる超高齢化社会に備え、会社の業務拡大を模索していた。薬剤師という立場で地元の介護施設、病院、薬局と連携を図ろうとしていたのだ。そして、私が帰郷した頃には本格的に介護事業に参入し、別の地区に福祉事務所を構えていた。

母は新たな介護施設の建設準備に奔走していたため、薬局は管理薬剤師さんとパートの薬剤師さん、事務員さん二名の計四名でこぢんまりと回していた。平均年齢五十歳の女の園に、当時二十九歳になろうとする私がお世話になることになった。

戻ってきてすぐに仕事がある環境はとても恵まれているのだが、私はその状況を受け入れられずにいた。だが私よりも、都落ちしてきた未婚のアラサーで、事務未経験の社長の娘という、扱いにくい新人を受け入れる羽目になった薬局の職員さんのほうが、よっぽどうろたえただろう。シャチハタと実印の違いすらわからず、この世でいちばん苦手な数字を扱う事務作業は苦痛でしかなく、私はたったの三日で薬局の仕事に嫌気がさした。

「今晩の晩御飯どうすっけ？」

「上市町《かみいちまち》の田中さんから里芋もろたから、芋の煮っころがし作ろう思とんが」

職場で繰り広げられる所帯じみたガールズトークにも、まったくついていけなかった。やがてパートさんたちと菜っ葉と切り干し大根を物々交換し、背中にサロンパスを貼り合う間柄になるとは、このときは想像もできなかった。

いっぽう、富山で暮らしていた同級生たちはほとんどが既婚者か、これから結婚しようとしていた。

「あんたが戻ってきたら楽しくなるわ」

帰ってきた当初、女友達は私を歓迎し、飲み会を頻繁に開いてくれた。しかし東京への未練を隠さず、自分でなくてもできる仕事をやらされていると舐めた口をきく私に、次第に彼女たちも苛立ちをみせるようになった。

「だったらなんで戻ってきたんけ？　仕事があるだけありがたいと思われよ」

私は私で、ありがたい忠告をくれる友達に辟易するようになった。

「結婚はどうするん？　一生、自分探しするつもりなん？」

「理想の男なんて現れんから、とっとと婚活しられよ」

会うたびにそう問いただされ、なぜ自分が相談してもいないことを、この子らは恩着せがましく解決しようとするのだろうかと思った。

国勢調査によると、一九六〇年以来、富山は不動の持ち家率全国一位を誇る。また貯蓄額もトップレベルだ。

「富山県民はコツコツとお金を貯めて、家に大枚をはたく」

「越中の一つ残し（倹約して大きな財産を残す）」

昔から言われている言葉は嘘じゃないのだろう。所帯を持った子供のために、親が新居の頭金を払うという話もよく聞き、結婚し、家を建て、子供を育てることは、多くの県民にとって果たさなければならない責務であるかのようだった。

そんな富山へ戻ってもなおくすぶり続け、気もそぞろに薬局の仕事をやり過ごす従業員および娘に対し、母は連日、烈火のごとく怒った。

「お前の友達は、子供のオムツを換えて家事をこなし、子供を預けて働いてるんだ！」

公私にわたり、社長である母に詰め寄られてストレスフルになった私は、実家を出るべく、母に隠れて賃貸物件をネットで探し始めた。

しかしアパート探しは難航した。職場（実家）から適度に離れた、街なかの単身者向けのアパート物件は思っていた以上に少なかった。意地を張り、築年数の浅い二部屋以上の物件を希望していたせいもあるだろう。不動産屋さんは、おずおずと資料を差し出した。

「ファミリー向けになってしまうんですけど……」

実家が職場なのに、結婚するわけでもなく、わざわざひとり暮らしをするというアラサー女を前にして、不動産屋さんは明らかに困っていた。富山市郊外の物件も紹介してくれたが、一戸建て予備軍の新婚さんが住むメゾネットタイプのアパートばかりだった。

「行かず後家がひとりで住むところじゃないですよね〜。アハハ」

私はアパートの写真を見ながら、ひきつり笑いをするしかなかった。

二〇〇九年頃からコンパクトシティ政策によって、西町、総曲輪には新築の高級マンションが続々と建ち始めていた。行政側は中心部から流出した人々を取り戻そうとしていたが、若いファミリー層が暮らす郊外の新興住宅地は拡大し続けていた。

「この新しいマンションにはいま誰が住み、これから誰が住もうとしているのだろうか」

私は人気《ひとけ》のないシャッター街を歩くたび、不思議に思った。だが富山市内で十年以上ひとり暮らしをする中学の同級生のヒロアキに、呆れながら忠告された。

「藤井は理想が高すぎる。いくら富山が田舎とはいえ、ひとりもんの俺らが住めるようなほどほどにキレイで広くて、家賃の安い好条件の物件が街なかにあるわけないやろ」

市電沿いには単身者向けのアパートはある。ただ築年数は古いものが多い。需要がないので、新たに作る必要性がないのだという。

「でも総曲輪とか駅前とかにはマンション、がんがん作っとるやんけ」

私が反論すると、彼はため息混じりに返した。

「あれは俺らの住めるとこじゃないが。ヨソから来る金持ちの別荘なが」

そして「こんな話、藤井くらいにしかせんけど」と前置きして続けた。

「俺らの周りは、ほとんどが結婚して家を建てとる。子供の話とか、新しい家のことを嬉しそうに話すみんなを見とったら、すげえ立派だと思うし、つくづく自分はダメやなって思わされるんよね」

「本当だね～。アハハ」

私はまた力なく笑うしかなかった。


富山に帰ってくるなり、アラサー、未婚、子なしというだけで、自分が周囲の〝普通〟の規範から外れていたことがショックだった。東京では映画や音楽、雑誌といったサブカルチャーに囲まれた生活が私の〝普通〟だった。しかし「お腹いっぱいです」となって富山に帰ってきたら、今度は一切、それらにありつけない飢餓状態に陥ったのだ。

同級生との飲み会では家族とマイホームの自慢話ばかり聞かされ、私は「へ～」「幸せそうだね〜」と上の空の返事をするばかりで、話は噛み合わなかった。独身の友達は友達で、合コンに行ったとか婚活パーティーに行ったとかが話題の中心だった。私は彼女たちの失敗談を面白おかしく聞きながらも、結婚に興味がない自分は、富山という地ではかなりイタイ存在なのだろうと思った。パイが大きいぶんだけ、さまざまな生き方に寛容で、むしろ個性が埋没する東京にいた頃には感じたことのない劣等感だった。かつて知り合いのいない大都会で孤独を味わったが、家族はもちろん友達もたくさんいる故郷にいながら自分の居場所がないという孤独は、また種類の違うものだった。

しかし疎外感を抱きながらも漫然とルーティンワークを繰り返すうち、特別な目標がなくても生きていってしまいそうだとも思え、そっちに容易《たやす》くなだれ込むほうが怖かった。どうして東京で踏ん張れなかったのだろうという後悔、なんでこんな退屈な場所に帰ってきたのだろうという地元への蔑《さげす》みは、日を追うごとに増していった。でもその感情にまともに対峙してしまっては、ここにいられなくなる。

「富山の魅力を外に発信することが私の次なる使命だ」

とにかくここで暮らす言い訳がほしかった私は、新たな思い込みに徹した。我ながらおこがましいと気づいてはいたが、仮初《かりそ》めでもモチベーションを得たかった。しかし母は、即座に私の浅はかさを見抜いた。

「あんたに富山を偉そうに語れるほどの何があるがん？　映画監督になりたいって言って

親の金で勝手に東京に出て、誰にも引き留められずに富山に帰ってきただけやねか。なんにもなれんかったねか」

母から身も蓋もない事実を面と向かって言われ、グウの音も出なかった。

「富山で一生懸命、子供を育てながら働いとる子たちは、あんたの何歩も先に行っとるよ」

母のストレートな言葉を受け止めるタフさはなく、私はひとり車を走らせながら、おもちゃ屋の床に転がる幼児のように泣きわめいた。

「うるせー、バカ！　富山のマスコミ業界を私が変えてやるんだよ！」

それを人は「逆ギレ」と言うのだろう。

3

私はアパート探しと並行して、フリーペーパーを発行している地元の広告会社に面接を受けに行った。もちろんこれも母には内緒だった。本業があり、フットワーク軽く取材ができない旨を伝えたが、それでも東京で雑誌編集をやっていた経験を買われ、フリーライターとして採用された。いとも簡単に「何かを発信する」という面目を保てることになって、私は少し拍子抜けした。

月一回発行のそのフリーペーパーは、二十〜四十代の富山の女性たちをターゲットにした情報誌だった。グルメ、アパレル関係の新店舗情報を中心に、雑貨、美容ネタ、イベント告知まで幅広く取り扱っていた。広告ページばかりだろうと完全に舐めてかかっていた私は、もらったバックナンバーをめくり、思いのほかデザイン性の高い誌面に驚いた。宴会におすすめの店を紹介する特集記事でも、単に広告的な店舗情報を羅列するものではなかった。たとえば「宴会部長に聞け！」という切り口で、紹介者を立ててリレー式で情報を掲載するひねった視点があり、営業マンによるお店潜入ルポなどもあった。

『ＢＲＵＴＵＳ』っぽくて面白いな」

私は率直にそう思った。しかし何冊か読み進めていくうちに、既視感が勝っていった。

「これ、そのまんま、じゃね？」

そのフリーペーパーのデザインは「ＢＲＵＴＵＳ」っぽいどころか、「ＢＲＵＴＵＳ」そのものだった。

「ＢＲＵＴＵＳ」「キネマ旬報」「ＰＯＰＥＹＥ」「Ｏｌｉｖｅ」……実家の私の部屋には、東京から持ち帰ったライフスタイル誌の山とは別に、思春期にむさぼり読んだカルチャー誌が堆積していた。インターネットもスマホもなかった九〇年代半ば、地方に生きる中高生にとって、流行りのファッションや音楽、単館系映画の情報源は雑誌だった。「Olive」はロンドンのストリートスナップ、フレンチポップ、ボーダーTシャツといったオシャレなページと、なぜか中島らもの酩酊コラムが同居していた。見知らぬ〝向こう側〟の世界に彩られたポップな誌面から、突如「げ〜っぷ」と隣家のオッサンの酒臭い吐息が充満してくるようだった。「この振り幅こそが真の洗練やわ」

東京発信のカルチャー誌が持つ雑多な魅力に憧れた私が、田舎から都会へ出ることを選択したのは自然な流れだった。

しかし二〇〇〇年代に入ると、若者の好奇心にリーチするプラットフォームだった雑誌は、次第にネットに役割を奪われていくようになる。私の愛する「Olive」も二〇〇三年に休刊した。読者のライフスタイル自体が、消費中心から〝スローライフ〟へと移行していった時代だ。雑誌全体の発行部数は下がる一方だったが、それでも二〇〇〇年代前半からは、「Ku:nel」などに代表される日常を慈しむ〝ていねいな暮らし〟系雑誌が次々と創刊された。読者は老舗の「暮しの手帖」よりも若年層だった。消費を煽ったのが雑誌なら、消費に疲弊した人々をすくい上げたのもまた雑誌だった。

生粋のミーハー人間である私は、まんまとその策にはまった。東京にいた頃から、スローライフ、ロハス、田舎暮らしをテーマにした雑誌を読みあさるようになった。「カラフルなヨーロッパの最新家具、揃えた～い！」と、それまで猫なで声を出していた私は、急にこけしやダルマを愛で始めたのだった。

〝ていねいな暮らし〟系は、地方のフリーペーパーにも誕生し始めていた。北九州市が発行している小冊子「雲のうえ」は、北九州独自の食文化や地元民が通う大衆食堂などを、東京の第一線で活躍するクリエイターが丹念に取材して作られていた。

作り手が〝よそ者〟であるという立場から地方の土着的な魅力を探る誌面は、一過性の流行で終わらない、暮らしの中に根付く〝ホンモノ〟を発掘しているように感じた。あっちもこっちもと上っ面の情報をついばむよりも、その場にじっと立って足元を見つめるタイミングが来たのだと思った。その流れは、私が東京から富山へと帰ろうとする気持ちを後押しするものでもあったのだ。

富山のフリーペーパーのデザインが、中央の雑誌を模倣できるレベルにあるのは正直、意外だと思った。しかし枠組みを中央的なものに似せるほど、その中に出てくる地名が「富山」から「新潟」「金沢」「福井」になったとしても、誰も気づかないのではないか。それは果たして、〝地域密着型フリーペーパー〟と言えるのだろうか。思春期に夢中になった雑誌を実家で読み返した私は、富山のフリーペーパーに足りないものは、自分たちのユニークさを見つめ直す客観性だと再認識した。富山の日常に転がっている希少なもの、地元民が身近過ぎて気づけていないものを見出すことで、その土地にしかない唯一無二の〝物語〟を紡ぐことができるのではないか。

「東京から富山に帰郷した今の自分だからこそ、富山の魅力を再発見できるはずだ！」

地域密着型フリーペーパーという土俵を与えられた私は、富山のことを、地元民のことを知ろうとしないまま、またしても大いなる勘違い力を発揮しようとしていた。


一円も稼いでいないくせに、流行りのローカルメディアクリエイターと化した私は、リサーチがてら幼馴染を呼び出した。

「富山のカマボコって渦巻状でしょ？　あれって東京だと珍しいんよ。いろんなメーカーの渦巻カマボコを取り寄せて、誌面で並べたらフォトジェニックだし面白いと思うんだよね！　ラーメンの中にチャーシューじゃなくてカマボコが入ってるのも、富山の人は気づいてないけどすごくカワイイんだって！」

これっぽっちも思い入れがないくせに、富山名産の渦巻状カマボコについて熱弁を振るう私に、富山生まれ、富山育ちの友人は露骨にムッとした表情を浮かべた。

「ってかさ、カマボコが渦巻ってことは、うちらもう知っとるし。だからなんなん？　って感じやけど。そんなことより、美味しいランチが安く食べられるお店とか、子供を連れて行けるカフェとかの情報のほうがよっぽど知りたいんだけど」

「えっ、マジで？」

思わず声が出た。不意に背後から膝カックンされたかのようだった。いや、待て。そうだ、呼び出した相手が間違っていたのだ。思い起こせば、彼女と私は小学校時代から趣味嗜好が違っていた。岡田あーみんの漫画が好きという共通項はあったが、たとえば同じ発酵食品好きでも彼女はヨーグルト、私は納豆を好むような歴然とした方向性の違いがあった。ヨーグルト好きの人間からしたら、納豆を出されても「で？」だろうし、その逆もしかりだ。しかし納豆好きの私が、これからフリーペーパーで対峙しなければならない相手は、読者層では多数派であろうヨーグルト側の人間である。いや、そもそも私自身、渦巻カマボコが並ぶ誌面を見て胸が躍るのだろうか。事実、職場のパートさんたちの里芋の煮っころがしトークにうんざりしていたのは、この私じゃないか。自問自答タイムは発酵しないまま幕を閉じた。

地元民が見落としてきた地元の魅力を発掘するというが、じゃあ地元民が何に気づいていて、何に気づいていないのかを私は把握しているのか。何よりも彼女にそう責められたようで、私は黙りこくってしまった。私には富山で暮らす人々のリアリティが、完全に欠落していた。

私の部屋に積まれたスローライフ系の雑誌を開けば、目に飛び込んでくるのは自然光で撮影された写真の数々。写真の上には味のあるフォントが並ぶ。ページの印象だけ見ていると、どれがどの地域の雑誌なのかよくわからない。私がユニークだと思っていた切り口もとっくにフォーマット化され、複製されていたのだった。

そのことに気づき始めると、ほっこりした雰囲気の下に通底する「田舎ってこうでしょ」という紋切り型のイメージ、「地方はこうであってほしい」という願望に違和感を抱くようになってきた。もちろんよそ者だからこそ、閉塞感を外から壊せる可能性は十分ある。でもそれはいとも簡単に、暴力に転じてしまう危険性もある。地方を外から見るだけでなく、自分たち自身のことも俯瞰する視点こそが、真の洗練というものではないだろうか。都会の枠組みのなかにいたままで地方を見ていては、上から目線になりうるのだ。

そんなことを考えていて思い出したのは、岐阜と富山の県境に位置する、雪深い山里、五箇山《ごかやま》の知人宅を訪れた日のことだった。そこのおばあちゃんが住む古民家のトイレは、うちの実家よりもハイスペックな最新型ウォシュレットだった。そしておもてなし料理には、裏山で捕れたイノシシのすまし汁と並んで、ファストフード店のチキンが出された。

「なんか、意外と都会なんだな……」

そうガッカリしたあのときの自分を、五箇山名酒、三笑楽《さんしょうらく》の一升瓶で殴りたくなった。

私が掲げた富山の〝土着的魅力〟は、中央が築き上げたステレオタイプの田舎像に過ぎなかった。そこには富山で暮らす人たちの姿は見えない。消費文化とは真逆をいくような

〝ていねいな暮らし〟もまた、地方独自の魅力をスポイルしていくものだった。富山のフリーペーパーを、東京のオシャレ情報誌の模倣だとこき下ろしていた私自身も、同じく東京で創られた雑誌を目指していたのだ。富山という地方都市に暮らしている自分が、わざわざ東京から〝田舎っぽい〟パッケージを取り寄せて「これぞスローライフや！」と悦に入っているなんて、出来の悪いコントみたいだなと思った。

ローカルメディアクリエイターの才がないと思い知った私は、身の丈に合ったやり方で富山に向き合うことにした。私はハッピーターンの袋を八重歯で引きちぎって開ける雑な女で、ママ友たちと美味しいランチを楽しむ習慣もない。富山に暮らす生身の自分自身が、どういう瞬間に「富山、面白い！」と心が沸き立つのかを考えた。

薪を組んだ暖炉の前で、マフラーを手編みするおばあちゃん。その皺だらけの手元だけではなく、ばあさんの服装が全身ユニクロだという全体像も私は見たい。ピカ一の目利きで知られる人気寿司店の大将。彼が魚をさばく姿だけではなく、「あんた！　母ちゃんに怒られっから帰られ！」と見事に泥酔客をさばく様子もリポートしたい。土地に根ざして日々を営むことは、〝ていねい〟なだけでも、〝ほっこり〟なだけでもやっていけない。そこからあぶれたもの、なかったことにされてきたものにこそ、ここでしか紡げない物語が隠されているのではないだろうか。突破口が開いたかのように、私の脳みその奥で、ホタルイカのごとき怪しい光が灯り始めたのだった。

4

富山でライターとして活動する方向性が見つかりつつあった私は、フリーペーパーの仕事に本腰を入れるべく、意を決して母に打ち明けた。

「ライターとして働きたい」

「そんな親不孝もんとは勘当だ！」

「そんなにホイホイ親子の縁を切んじゃねー！」

社長である母との熾烈なケンカを経て、絶対に本業に支障をきたさないことを条件に、ようやくライター仕事の許可が下りた。

「これからは本業と副業のマルチタスクをこなす、デキる女になるのだ」

私は意気込み、フリーペーパーで街ネタを紹介する記事に取り掛かったが、かなり早い段階で、副業は本業に思い切り支障をきたし始めた。

「配達いってきまーす！」

夜通し原稿を書いても、朝にはカラ元気で薬の配達に従事した。母の前で、うっかり

「は〜……」と深いため息をつかないよう、細心の注意を払った。だが次第に顔色が蒼白から土気色《つちけいろ》となり、土偶へと近づいていった私を見て、ついに母がキレた。

「あんたはどっちで飯が食えてると思っとるんけ！　薬局の仕事の給料分、そのライター仕事で稼げると思っとんがか！　いい加減に諦めろ！」

金切り声の母の正論は、疲れ切った私の身体をメッタメタに切り裂いた。仕事もプライベートも一緒くたにダメ出しされることもしんどかったが、何より書くという行為を取り上げられるのは耐えられなかった。私は本格的にアパートを探して、鬼の居ぬ間に実家から少しずつ荷物を運び出し、引っ越しを完遂した。

富山市郊外の実家から中心部へと住まいを移し、わざわざ二十分かけて薬局に車通勤することになった。だが、引っ越して一週間ぐらいで駐車に失敗して車の窓を割ってしまい、すぐ母に電話した。

「車の窓、割れちゃった場合……どうします？」

「せんでもいい引っ越しなんかするからやろが、このダラ！（バカ）」

モジモジとみずから干渉を願い出てきた娘を母はひとしきり叱りとばし、そして馴染みの板金屋さんの連絡先を教えてくれた。私は三十歳を越えてもひとりで満足に暮らせなかった。とはいえ、物理的な距離ができたことは私たち親子にはいい効果があった。娘のだらしなさに母がイラつくことは減ったし、私は私で母の叱責をかわすことができたので、両者ともに心の平穏が訪れた。しかし本当の意味で、私が母を安心させられる日が来るのはまだまだ遠かった。

「これからどうやって、ひとりで生きていくが？」

母の問いに、私は答えを出せないままでいたからだ。

「あんたは愛想ばっか振りまいとって、本心を誰にも見せようとせん。人を信じれん人間ながが。自分に自信がないから人のことも信じれんが。そんなんで生きていけるんかと思って、お母さんね、本当に心配しとる」

私は母に言われたこの言葉がずっと心に刺さっている。

第3章　個として生きるシンボル、総曲輪ビリヤード

1

ひとり暮らしは自由気ままではあるのだが、ひとりで部屋にこもっているとたまらなく居心地が悪くなる日もあった。自分の頭の右上のほうに、黒い何かがぼんやりと漂っている。その気配をなんとなく感じていると、「ほれ！」とゴミ箱に鼻クソを放り投げるように、ふとした瞬間、そっちに身を投じてしまいそうになる。

ポッカリと心に開いた隙間に落ちてしまう前に、私は発作的にアパートを飛び出す。ひとりになりたいけれど、ひとりではいたくない。そんな日は街なかへと繰り出し、昭和のムード漂うビリヤード場、総曲輪ビリヤードへ向かうのだ。なぜならそこにはいつも変わらないテンションで、私を迎え入れてくれる店主がいるからだ。

「あら、藤ちゃん！　来てくれたのねぇ〜」

その人物は、街なかの栄枯盛衰を見守り続けてきた〝おばちゃん〟ことサウスポーのハスラー、水野田鶴子《たづこ》。二〇一〇年当時、八十歳。かつて東銀座でともにヤケ酒をあおった野上とトモトシが、私と彼女を引き合わせてくれたのだった。


「先に富山で待っとるちゃ」

そう言って東京で別れたトモトシには、帰郷してからすぐに連絡をとった。半年ぶりに会ったトモトシは、「マイナスから富山をスタートする」という言葉どおり、慣れない家業に疲れきっていた。

「自分のやりたいことをしたら？」

慰めの言葉を掛けたつもりの私に、トモトシは静かに返した。

「そんなことより、俺は会社や従業員の人たちの利益を最優先に考えんといけんがんね」

東京時代もしょっちゅう二人で飲んでいたが、そんなことを言うトモトシは初めてだった。「こうなりたい」と言うことはあっても、「こうしなければならない」と言ったことはなかったのだ。トモトシに強いられた厳しい現実と自分の未来が重なり、気持ちが沈んだ。

いっぽう、「富山に帰ることはプラスだ」と言ってのけた野上は、実家の薬局を継ぎながら富山でも芸人として活躍していた。野上は夢を諦めてはいなかった。東京から富山に相方を連れ帰り、一年も満たない間にコミュニティFM、富山シティエフエムでレギュラー番組を持ち、みずから漫才イベントを開催するようになっていた。薬剤師界隈で知り合ったのか、いつの間にか私の母とも仲良くなっていて、うちの町内会の夏祭りにしれっとゲスト登壇までしていた。

野上は商工会議所をはじめ、富山の経済人が集うパーティーにも漫才コンビとして招かれるようになっていた。たまたま私も同席する機会があり、「薬剤師と芸人の二足のわらじを履いとるような、中途半端なやつはダメやろ」と、オッサンに絡まれているのを目撃したときは、当人ではなく私が腹を立ててしまった。

「中途半端だろうがなかろうが、面白いか面白くないかだけじゃないですか?」

実は私のほうがシビアな内容を言っていることには、後から気づいた。当の野上はというと、オッサンたちのヤジを愛想笑いでかわしながら、くじけずに漫才を続けていた。

野上はやらねばならない薬剤師という生業と、自分がやりたい芸人の活動を両立させようと踏ん張っていた。同級生を集めてドンチャン騒ぎしたり、草野球チーム、ノリスターズを結成したりしたのも、「こんなに楽しいんだから富山に帰ってきて正解」と、自分自身と周囲に言い聞かせていたのかもしれない。

女友達ではなく彼らと一緒に騒ぐことは、私に何百倍も充実した〝無意味な時間〟を与えてくれた。現実逃避と言えばそれまでだが、その何もなさが、東京への未練を引きずった私の心を癒した。それはきっと、野上もトモトシも同じだったのだろうと思う。そして「無理やりにでも富山を面白がってやれ」という野上の図々しいまでの行動力に、私は知らず知らずのうちに触発されていった。

2

野上からのメール「玉突きのおばちゃんのところに来い」が、ノリスターズの招集の合図だった。〝玉突き〟とは、彼らが高校時代から溜まり場にしていた、総曲輪ビリヤードのこと。周囲の再開発ラッシュの最中でも、ここだけは半世紀前と変わらずに、総曲輪の裏通りにひっそり存在し続けていた。

街なかの再開発について私がもっともうろたえたのは、老舗デパート、富山大和（大和）の建物が解体されようとしていたことだった。

「西町のスクランブル交差点の角で、重鎮オーラをまき散らしてた大和がない！」

大和は一九三二年の開店以来、七十五年間にわたって富山市西町の一等地に君臨していた。だがその姿は二〇〇八年当時、建設会社の白いパネルに囲まれて見えなくなっており、スクランブル交差点も廃止されていた。

「大和は東京でいう日本橋三越。大和の包装紙に包まれた品が誰かから贈られてくると、〝あのっさん(あの人)、えらいこと奮発したがやな〟と思ったもんやった」

母が言うように、ここで買い物することは県民にとってひとつのステイタスだった。幼少の頃、口紅をグリグリと塗った母に連れられて、何度か大和を訪れた。笑顔で客を案内するエレベーターガールたちの華やかな美しさや、高級感あふれる店内の意匠に緊張したことを覚えている。

大和の旧い建物は、戦争の遺構でもあった。第二次世界大戦末期の一九四五年八月二日未明、富山市中心部に、アメリカ軍のB29爆撃機百七十四機が来襲。富山大空襲と呼ばれるこの空襲により、市街地の九十九・五パーセントの建物が焼失した。壊滅状態のなか、わずか〇・五パーセントの焼け残った建物のひとつが大和だった。地元紙の記事で見掛けた、空襲直後の西町を撮影した写真には、焦土にポツンと大和が佇むさまがおさめられていた。大和は、当時はまだ珍しかった鉄筋コンクリートのモダン建築だった。豊かな暮らしの象徴だったデパートが焼け野原に建ち続けていたことが、生き残った人たちにどれだけ希望を与えたことだろう。私や母が生まれるずっと前から大和は街なかのシンボルであり、富山の戦後復興から二十一世紀へと続く道しるべだったのだ。

その歴史的な建築物は二〇一三年に取り壊されたが、大和自体は同区画に二〇〇七年にオープンした複合型商業施設、総曲輪フェリオ内に移転し、営業を続けている。だがあの威風堂々とした建物が消えたことで、大和を軸に街なかの地理を把握していたド方向音痴の私から、さらに方向感覚が失われていった。

アーケード型の総曲輪通り商店街の目印だった、富山西武デパートも二〇〇六年に閉店。商店街に入っていきなり、シャッターと幕で覆われたどんよりムードに迎えられることになったが、少し歩けばフェリオとともにオープンした全天候型広場、グランドプラザの明るい空間が広がっていた。

その商店街の脇道に入った裏通りにある、古ぼけた雑居ビル。傾斜がきつめの薄暗い階段を上がった二階で、総曲輪ビリヤードは営業していた。年季の入ったビリヤード台が四台と、タバコの焼け跡がついた長ベンチ、「グゴー！」と地鳴りのような駆動音を発する旧式クーラーが設置されている。開店当初から店内のレイアウトが変わっていないという。おそらく変えるのが面倒くさいのだろう。壁には常連客が持ってきたグラビアアイドルのポスターや提灯、野上の漫才会のチラシが貼られていた。そんな雑多なインテリアに囲まれて、テレビの野球中継を眺めている小柄なばあさんが、店の主、水野田鶴子だった。

「いらっしゃ〜い♥」

常連である野上やトモトシは黄色い声で迎え、新規の女性客である私には、「誰やこいつ」と露骨に怪訝《けげん》な顔をした。そして八十とは思えぬカクシャクぶりでせっせとキューを運び、冷蔵庫に常備してあるビールを私たちの前に置いた。だがこの日、彼女は孫世代であるはずの私に、優しい視線を注ぐことはついぞなかった。私は老人の懐に入るのは得意なほうだが、彼女にはまったく通用しなかった。

「私の愛しの野上に手を出すんじゃねえ！」

そう牽制されてしまったようだった。もう立派なおばあちゃんなのに、客に〝おばちゃん〟と呼ばせているこの人を、老人と思って接している時点でアウトだったのだ。彼女は、ひとりの女として私に勝負を挑んできているのかもしれない。縁側で編み物をする、穏やかなおばあちゃん像をくつがえすツンデレ女子、田鶴子。そう思った瞬間から、彼女を心の中で〝田鶴子〟と呼ぶことにした。


私は初対面の相手と会話をする場合、いくつかの事前情報とパッと見の印象で「この人はだいたいこういう属性なのだろう」と、あらかじめ見当をつける。一般的に見て、という前提で喋ることがほとんどだ。

たとえば私の属性はというと、本職は実家の小さな薬局の登録販売者（一般用医薬品の販売専門資格をもつ人）であり、薬局開設者である母＝社長の代理を担う店長だ。当初は「威厳を出すために白衣を着ろ」と社長に言われたが、二の腕とお腹がパッツンパッツンで動きにくかったため、ゆったりしたエプロンを着けて仕事している。ある日、その格好でホームセンターに買い出しに行ったら、私をスタッフだと勘違いした農家のおばちゃんから「姉ちゃん、牛糞ってどこのコーナーにあるんけ?」と尋ねられた。またある日は、介護施設に薬を届けに行ったら、ヘルパーさんに「ごちそうさま!」と出前のラーメンどんぶりを返却された。私はとてもエプロンが似合うのだろう。

うちの薬局にやってきたリフォーム会社の営業さんから、間違われたこともある。

「奥さん、ご主人はいらっしゃいますか?」

「すみません、今いないんですよ」

私は奥さんではないし、ご主人もいない。もっと言えば当店のご主人はまだ見ぬ夫でも、うちの父でもなく、母である。しかしそんなことを赤の他人が知るはずもない。

しばらくの間、私は田鶴子のことを、夫に先立たれた後、ひとりでビリヤード場を営む苦労人のおばあさんだと思っていた。野上から、先代オーナーはとうの昔に亡くなっていると聞いていたせいもある。田鶴子が亡きオーナーと三十四年も愛人関係だったこと、これまでずっと独身だったことは後で知った。

「ひとりで経営されとって大変ですねえ」

勝手に未亡人ストーリーを思い描いている私が話を振っても、「別にそんな大したことでもないわよ」と田鶴子はぶっきらぼうに答えるだけだった。

飲み会の後、車の代行を待つ間に野上たちはビリヤードに興じていたが、玉を突くよりも田鶴子に興味があった私は、どうにかして、この素っ気ない人を攻略できないものかとばかり考えていた。田鶴子のほうも、私を推し量っていたのだろう。この女、ビリヤードもせずに話し掛けてくるだけで、プレイ代五百円を払う気がないんじゃないかと思っていたようだが、もちろん毎回ショバ代は払った。田鶴子が私をちゃんと金を置いていく客だと認識し始めたあたりから、距離は徐々に縮まっていった。そして彼女の好物であるケンタッキーフライドチキンを手土産に持っていくようになると、私の呼び名が「藤井さん」から「藤ちゃん」へと変わり、親密度が格段に深まった。

「あ〜、おいしい！　やっぱ骨付きよね〜」

私は嬉々としてケンタッキーにかぶりつく田鶴子を見つめながら、自分は八十を過ぎても、揚げたチキンをこんなにモリモリ食べられるのだろうかと思った。その後、ノリスターズの終身名誉監督に就任した田鶴子は、試合の打ち上げの席にもたびたび登場するようになるのだが、そこでの飲み食いぶりもすごかった。

「まずは、おビールね」

生中をグビグビ飲み、唐揚げとポテトを次々と口に運ぶ。さらに、「美容にいいから」と言って、付け合わせのレモンにそのまましゃぶりつく。二杯目のレモンサワーに入っているレモンにもしゃぶりつく。若いツバメたちに囲まれ、「おほほほ」と上機嫌で笑う田鶴子は、私が今までに出会ったどのばあさんとも一線を画していた。

「私、銭湯が好きで通ってるんだけど、ササッとすぐに洗ってあがっちゃうの。だって嫁のことを口汚く罵る姑のババアばっかいるんだもの。そんなの聞きたくないわよ」

言っている内容は辛辣だが、田鶴子の言葉には妙な品があった。立山の麓の上市町の出身のはずなのに、田舎のおっ母ちゃんたちが喋る露骨な富山弁を、田鶴子からは聞いたことがない。東京と富山で仕事をする私の兄は、富山に帰省した途端、地元の人に合わせたいのか急にどぎつい富山弁を喋りだす。かたや、ずっと総曲輪にいる田鶴子は、流暢な標準語で躊躇なく言い放つ。

「ペチャクチャ余計なことばっか喋る女が嫌いなのよ。子供と犬猫も嫌いなの」

嫌いなものには自分から近づかないし、向こうから近づいて来ても適当にやり過ごす。田鶴子は自分の敷居を下げて客を招くことがないかわりに、「私を敬え」と大上段に構えることもしなかった。激しい人見知りのくせに八方美人、引きつり笑いのせいで左のほうれい線が年々深くなる私にとって、誰に対しても対等な田鶴子の振る舞いはすこぶる格好よく見えた。

私は気がつけば、野上たちとの集まりがなくても、ひとりで田鶴子に会いに店へ通うようになっていた。夜八時を過ぎると、総曲輪フェリオのある表通りはすっかり人影もまばらになる。だが裏通りに一歩足を踏み入れると、軒を並べる老舗の居酒屋や焼き鳥屋は活気に溢れていた。

「こんなところにロックバーあったんだ！」

「この中華料理屋、朝までやってんのか！」

私はビリヤード場に通うようになってから初めて知った、躍動する総曲輪の夜に興奮していた。

田鶴子は昼の十二時から最後の客が帰るまで、休むことなく店を営業していた。グラビアアイドルの水着ポスターが貼られた、雑居ビルの二階の窓を見上げ、ガラス窓から光が漏れているのを確認する。「田鶴子、まだいるな」と、少し嬉しくなる。「おばちゃん〜ん」と呼びながら店のドアを開けると、ケンタッキー献上のおかげか、「あら、藤ちゃん！」と、田鶴子も喜んで私を迎え入れるようになった。週末には会社の飲み会帰りのサラリーマンや、ノリスターズの面々が来て賑わう日もあったが、平日はコアな常連客が二、三人いるだけで、客が一人も来ない日もあった。そんなときは、買ってきたタコ焼きを田鶴子と一緒に食べながら、ガールズトークで盛り上がった。

「うちのお客さんで、とんがりコーンばっか食べる子がいるのよ。その子のために、私この間、とんがりコーンを五つも買ってきたの。でもその子は自分が買ってきたチョコは、私に一個もくれないの！　ほんとケチだわよ」

田鶴子はそんな二〇〇〇年代の日常への不満を募らせたかと思えば、一九四五年の富山大空襲の日のことを、つい昨日の出来事のように話した。

「私、ビリヤードやる前は地鉄（富山地方鉄道）に二十五年間勤めてたの。大東亜戦争（本人談）

が終わる直前に父親のコネで十五歳で入社したのよ。毎朝四時に起きて家の田んぼ仕事を手伝ってから、六時の電車に乗って出勤してたの。富山大空襲があった翌日にも、東新庄駅でもぎりをやってたんだから」

田鶴子と私の関係は擬似のおばあちゃんと孫ではなく、野上を巡る女の三角関係でももちろんなく、かといって店主と客というドライな関係でもなくなっていた。少なくとも私は、とても気の合う女友達として田鶴子と接していた。戦前、戦中、戦後を生き延びた大和の旧い建物が消えても、田鶴子はそれに代わる〝街の生けるシンボル〟になっていくのかもしれない。私は田鶴子自身と、彼女が見てきた総曲輪の夜をもっと知りたいと思うようになっていった。

3

「私、人と会うのが嫌いなの。喋るのも嫌。本当はずっとテレビで韓ドラを見てたいの」

田鶴子は「人と喋るのも嫌」と言いながら、四十九歳も年下の私を相手に居酒屋で三時間も喋り倒し、三杯目のレモンサワーをクピクピ飲み干した。田鶴子は、私が知り合ってから五年の間に、転倒して壁で頭を打ったり、足の指を折ったり、ひどい風邪で寝込んだりもしたが、そのたびにアスリート並みの驚異的な回復力で現場復帰した。

「八十になるまでシワなんてできなかった」

「早く入れ歯にしたいのに、ぜんぜん歯が抜け落ちなくて困ってる」

田鶴子を見ていると、総曲輪の沼に棲むネッシーか何かかと思えてくる。どこか浮世離れしている田鶴子だったが、ガールズトークには、ごく自然に激動の昭和史が顔を出した。

一九三〇年生まれの田鶴子が少女だった頃、日本は戦争の渦中だった。

「私の実家は上市の山で百姓をやってたの。米はお国にあげなくちゃいけないから、お粥さんに麦粉を混ぜたまっずい、まっずいもの食べてたけど、野菜はたくさんあったわ」

一九四五年八月二日未明の富山大空襲で富山市中心部は壊滅状態となり、富山駅と隣の稲荷町駅も焼失してしまった。だが、かろうじて残った富山駅の二駅先の東新庄駅が始発となり、地鉄は空襲の翌日から電車を走らせた。街から山へ逃げる人々を乗せた電車を、田鶴子は改札口で見送ったという。

「実家は大空襲の被害も全然、受けなかった。街は大変で、防空壕に入った人たちみんな焼けちゃったみたい。そういえば、街に住んでたうちの叔母が、空襲の前日に山に引っ越してきたのよ！　ほんと、にっくらしいババアだったんだけど命拾いしてたわね」

富山大空襲の日のことが、「あの頃はそういうもん」という田鶴子のやけにサバサバとした語り口により、余計に殺伐として伝わってきた。「飯がマズイのは腹立つ」「ババアが嫌い」という田鶴子らしい毒気たっぷりで語られるぶん、情景も鮮明に浮かび上がる。しかし田鶴子だったら、お国に中指を突っ立てるぐらいの気概で焼け野原を蹴散らしていきそうだと思ったが、戦後の田鶴子は自由とは真逆の人生を歩んでいった。

一九七〇年、田鶴子は四十歳で二十五年間勤めた地鉄を退社し、退職金で総曲輪ビリヤードを開店した。二十四歳で出会って以来、愛人関係となった先代オーナーとの共同経営だったが、表向きは一介の従業員として働いた。

第二の人生を歩み始めてから、田鶴子はますます多忙を極めた。ビリヤードで働いた後、実家で経営している銭湯の浴槽を磨く手伝いもしていた。八〇年代半ばになると、ポール・ニューマン、トム・クルーズ共演の映画『ハスラー2』が世界的に大ヒットし、日本でも空前のビリヤードブームが巻き起こった。折しも日本はバブル期に突入。〝富山の歌舞伎町〟こと桜木町は連日人で賑わっていた。隣接する総曲輪に二次会で流れたお客さんが、ビリヤード場に立ち寄ることも多かった。

「あの頃の桜木町はすごかったわよ。私、街なかの銭湯に入りに行ってたんだけど、桜木で働く若い女の子たちが、よく一番風呂に来てたの。今はババアばっかだけどね」

ババアの大半はとっくに布団に入っているであろう夜十時過ぎに、山菜の天ぷらを美味しそうに頰張る田鶴子を眺めながら、生きてきた時代も境遇もまったく違うのに、自分はなぜこうも田鶴子とウマが合うのだろうかと考えていた。私の心の中に、田鶴子はズカズカ土足で立ち入らなかった。だから私も身構えずにいられた。それに、八十年分もストックされた田鶴子の今昔物語にも興味をそそられた。しかし何よりも、私は田鶴子の生き様に魅了されていたのだと思う。

バブル期のビリヤード場は、朝十時から翌朝四時まで年中営業したという。田鶴子は気つけに、富山の置き薬の代名詞である六神丸《ろくしんがん》、風邪薬、太田胃散を飲みながらモーレツ接客に明け暮れた。昼間は高校生や大学生、夜になるとサラリーマンらが入れ替わり立ち替わり来店し、わずか半年で一千万円ほどあった店の借金を完済した。

だが忙しさがピークに達した一九八八年、愛するオーナーが突然、脳梗塞で倒れ、そのまま帰らぬ人となった。その直後にバブルが弾け、田鶴子が通っていた銭湯でも、若い女の子たちの姿を見かけなくなった。そして店には閑古鳥が鳴くようになった。

「オーナーが死んでからひとりで店を切り盛りして大変だったけど、生活するためにはやるしかなかったの。食べる気力がなくなっちゃうと、人生、終わっちゃうわよね」

ひとりぼっちになり、どんなにつらかっただろう。だが私の感傷をあっさりかわし、田鶴子は目の前の料理をたいらげていく。

「ねね、藤ちゃん！　このエビのお天ちゃん、食べないんだったら食べちゃうわよ？」

富山に帰ってからというもの、女であるという自分の属性を突き付けられた私は、周囲に流されまいと意固地になっていた。ある日、居酒屋のカウンターで、ペンを片手に結婚から出産までの計画を練り始めた独身の女友達に、私は半ば呆れて言った。

「好きな人と幸せな家庭を作るんじゃなくて、子供産むために結婚するが？　違くね？」

「違くないちゃよ。あんたもしかして、いつまでも自分が子供産めると思っとるがじゃないやろね？」

彼女の言う通りだった。私は今、恋人がいないだけで、そのうち好きな人と結婚して、子供を産むのだろうとなんとなく思っていた。それを手に入れるだけの可能性と選択肢と権利が、当然のように自分にはあると思っていた。しかしそうではないと判明したとき、私はどうするのだろう。それらを手に入れられなかった以降の人生を、私は思い描けているのだろうか。

「どんなに遅くても三十二歳までには子供産まんといけんから、今すぐにでも彼氏、見つけんといけんが」

そう言っていた女友達は、その後、結婚し、立派に二児の母となった。ちゃんと目標を達成した。周囲が望む普通を拒み、自分らしさに執着すればするほど、本来の自分自身から は遠のいていく。そんな矛盾を抱えた私からすると、田鶴子は「あれが好き、これが嫌い」とハッキリとした物言いをするわりに、物事への執着が希薄なように見えた。親に言われるまませっせと働き、不倫相手の商売に巻き込まれ、時代の荒波に揉まれても恨みごとひとつ言わない。オーナーが亡くなるまで三十四年、愛人関係をまっとうしたのも、「別れるぐらいだったら死んでやる」という奥さんを追いやってまで、オーナーと家庭を作る気にはなれなかったからだろう。

「面倒なことは嫌だもの」

田鶴子の言葉には見栄も嘘もなかった。流れのままに生きてきたようでありながら、どっしり根っこが据わっている。田鶴子の生き様は、社会と関わりながらも、属性から解放された〝個として生きる〟象徴のように見えた。

ビリヤードをするよりも、田鶴子に会いたくて店に通っていたのは私だけではなかった。田鶴子が末永く元気でいるために、新旧の常連客が交代制で病院通いに付き添った。田鶴子が足の指を骨折して和式便所で踏ん張れないと訴えた際には、オマルを探して街を駆け回った。人に媚びない、偉ぶらない孤高の女、田鶴子がみんな大好きだった。

二〇一八年二月、田鶴子が八十八歳の米寿を迎えるにあたり、店の常連客四十数名とともに盛大な田鶴子の生前葬が催された。会の名は「ワイルドで行こう！　ベイジュー（米寿）☆ライダー」。田鶴子のカラオケ十八番「きよしのズンドコ節」をBGMに披露されたスライドショーでは、開店当初の田鶴子や店内の様子が次々と映し出された。

「おばちゃん、四十歳から老化が止まっている！」

「店のレイアウトが半世紀もまるっきり変わってねえ！」

あちこちから突っ込み交じりの歓声が上がった。

「こんなにたくさんのお客さんに囲まれて、もう言葉になりません。今日という日を一生忘れません」

黄色のちゃんちゃんこを着た田鶴子は、みずからの遺影の前で珍しくばあさんらしい殊勝な挨拶を述べた。本当に嬉しかったのだろうと思う。だが後日、「あの人は一万円お布施をくれたけど、あの人は何もくれなかった」と愚痴っていたのを聞き、田鶴子はやっぱり田鶴子だと思って安心した。

たまたま流れ着いた総曲輪の根城で、田鶴子はいつ来るか知れない客のために、今日も店を開けている。「人が嫌い」と言いながら、誰かを待ち続けている。変容する総曲輪で、田鶴子が変わらずにただ〝いる〟ことが、私にとって生きる道しるべだ。

「私は自分で自分のことを信じてるわよ。だって、信じるしかないじゃない」

かけがえのない大切な女友達の言葉は、いつだって私のケツを蹴り飛ばしてくれる。

第4章　「富山、めっちゃおもしーから」

※「おもしい」は「おもしろい」の富山弁

1

「藤井、あんまり東京に遊びに来なくなったよね」

東京の元同僚からそう言われたのはいつだっただろう。

富山に戻ってきてから一年半くらいまでは、二カ月に一度の頻度で東京に出掛けていた。新宿三丁目にある馴染みの酒場で、DVD情報誌時代の仲間たちを相手にクダを巻きに巻いていたが、戻って二年目を過ぎたあたりからパッタリ東京に行かなくなった。薬局の仕事に慣れ、副業のライター活動が忙しくなったせいもあるが、本当の理由は、知っている東京の懐かしさを吸い込みにいくよりも、富山の未知との遭遇のほうが俄然、面白くなったからだった。それは田鶴子との出会いに加え、旧友のコンちゃんとの再会によってもたらされたものだった。

中学時代、同じクラスだったコンちゃんは、音楽の趣味と笑いのツボがぴったり合う親友だった。土曜日の午後、学校から帰ると、簡素なコンテナが連なっただけの近所のカラオケボックスに集合した。そしてよく、フリッパーズ・ギター、小沢健二、フィッシュマンズ、L⇕Rといった、当時大まかに〝渋谷系〟でくくられていた曲をふたりで歌いまくった。コンちゃんはキー度外視で「ぼげぇ〜♪」と歌う私にたじろぐことなく、いつも完璧なハモリをかぶせてくるような子だった。

たまに背伸びして西町や総曲輪に繰り出すと、私たちはオシャレな中高生が通うアメカジ系の古着屋ではなく、おばちゃんたちがひしめき合う狭いリサイクルショップ、だるま屋へ向かった。レトロというより、単に経年劣化した誰かのタンスの肥やしに目を輝かせ、どっちがクタクタのシャツを発掘するかに情熱を注いだ。私にサブカルの英才教育を施したのが兄なら、それを共有する楽しみを与えてくれたのがコンちゃんだった。

十年ぶりに再会したコンちゃんは、驚くほど変わっていなかった。私がこの十年で十五キロ分の肉襦袢と鬱憤をまとったアラサーになっているというのに、コンちゃんの雰囲気はあの頃のままで、「さ〜とち〜ん!!」とカラッとした笑顔で現れた。

コンちゃんは地元の高校を卒業した後に看護学校へ進み、市立病院の激務をこなす立派な看護師さんになっていた。私たちは居酒屋で十年分の近況をざっくり報告し合ったが、そんなことよりも、私はコンちゃんの〝富山での休日の過ごし方講座〟にグイグイ惹きつけられ、前のめりになって拝聴した。

私が地元の友達から聞いた休日の過ごし方は、富山市郊外にあるファボーレ富山や県西部のイオンモール高岡といった複合型商業施設に行くというのが定番だった。そこに行きさえすれば、スーパーも無印良品もユニクロも映画館もゲーセンもあって、すべて事足りるのだという。ブランド品を買いに隣県の金沢まで行くというパターンもあったが、どっちにしろ「富山らしさゼロだな」と思うような内容ばかりだった。しかし駐車場が広くて無料、子供たちも遊べるスペースがあるという複合型商業施設は、車社会の地方で生きる家族連れにはなくてはならない遊び場なのだろう。他に選択肢がないのだ。

しかしそもそも富山らしい遊び方ってなんだ？ 毎週末、富山駅から三時間以上かけて、大人料金往復一万三千円近い交通費を払ってフラッと黒部ダムに行けるのか？ 富山の春の風物詩ホタルイカをすくいに、タモ網持って真夜中の日本海を徘徊するガッツが自分にはあるとでもいうのか？

コンちゃんの話はそんな内容ではなかった。昔ながらの銭湯が大好きな彼女は、休みごとに銭湯を開拓していた。とある銭湯は赤色と青色の蛇口、どっちも熱湯しか出てこないとか、とある銭湯には庭に露天風呂があるが、隣の池より小さくて池の鯉が風呂に入ってくるとか、またある銭湯では、おばちゃんたちが亀の子タワシで血しぶき噴き出んばかりに背中を洗い合っていたとか。

「ついでに私の背中まで洗いそうだったから怖くて逃げたんよ！」

コンちゃんは女子向けフリーペーパーには載せられそうもない〝富山の銭湯あるある〟をめいっぱい披露してくれた。

「漁師町にある銭湯は、海に出てる漁師に合わせてるから湯がめっちゃ熱いがよ。素人は入れんが！」

富山は全国有数の銭湯数を誇る県である。東京の銭湯経営者も北陸出身者が七割以上を占めるという。黒部ダムに行かずとも、銭湯という富山らしさがそこかしこにあったのだ。

風呂嫌いの私は、そんなことはまるで知らなかった。

我が人生に一ミリも影響を与えない銭湯ウンチクを聞きながら、ここで生きてきた人ならではのセンスを、コンちゃんは自然と体得してきたのだろうとうらやましくなった。とはいえ彼女は、富山らしさがどうのこうのと考えていたわけではない。一度も県外に出たことのない生粋の富山県民である彼女は、私が抱いていたような東京への強い憧れもなく、かといって都会よりも田舎のほうが良いといった、頑固な郷土愛もないようだった。

「次は山のほうの銭湯に行ってみよう」

「今週末こそ風変わりな食堂に入ろう」

コンちゃんにあったのは、地べたから湧き出る好奇心、それだけだった。

その頃、私はライターとして採用された広告会社で、新しく金沢で創刊されるフリーペーパーの特集記事を任されていた。富山でさえ発掘できていないというのに、もっと知らない隣県の金沢の「地元民が気づいていないほにゃらら」を探れという、ローカル誌の血の掟かと言わんばかりのお題にふたたび悩まされていた。しかも取材期間はわずか二日間。とりあえず、日本三名園の兼六園、じゃないほうの庭園、入館者数が全国トップレベルの金沢21世紀美術館、じゃないほうの美術館という、〝王道じゃないほう〟ばかりを紹介した。挙句にそこらへんの民家に干されていた、人間の股のような形をした大根を写真に収めて、「これぞ暮らしに潜むアートだ!」とこじつけて、金沢をイジるという裏テーマをヘロヘロと不時着させた。

「そうじゃない」という手応えしかなかった。オチだけを求めてやぶれかぶれに街を散策するなんて、あらかじめ「今からあなたの家の庭を荒らしにいきますよ〜」と言ってるようなもので、なんという無法者なのだろうと我ながら思った。ネットの検索ワードに引っかかった場所を、とにかく一個ずつ潰していく、ローラー作戦のような私の情報収集に対し、コンちゃんには街を掘り起こすなどという気負いは皆無だった。一日の中で、ひょっこり顔を出す異質なものにいちいちつまずき、たまに派手に転びながらも「アハハ!」と朗らかに笑うのがコンちゃんだった。

「夜勤明けで疲れた身体を銭湯で癒そうと思っとるんに、いきなり知らないおばちゃんに亀の子タワシでゴシゴシ洗われそうになったら、そりゃあ逃げるしかないちゃよ〜」

コンちゃんの銭湯体験談は、彼女が看護師として真っ当に生きているからこそ実感が伴い、より一層おかしみが加わっていた。

「地元のケーブルテレビって聡ちゃん見たことあるけ？ 工場の映像とかを放送しとる番組あるんやけど、ベルトコンベアーに流れてくる乾パンをずーっと映しとるだけ。しかも一日何回も再放送しとるん。それをついボーッと見てしまうんよね。で、途中で〝これさっきも見たやん！〟って気づくが。地元の少年野球チームの試合とか、合唱団の公演とかも放送しとるんやけど、この間、たまたまコーラスサークルでジャズ歌っとる職場の先輩見つけてテンション上がったわ」

コンちゃんは昨日、今日、明日へと続く道をテクテクと歩いている道中で出会ってしまった、とりとめのない出来事を愛でていた。

「今、生きているこの場所を、どこまで面白がれるか」

コンちゃんは図らずもそれを実践していたのだった。ネット上で街ネタを無理やり探し出し、その情報が正しいか否かをたしかめに行くよりも、なんでもない田んぼのあぜ道をコンちゃんと一緒に歩くほうが、はるかに楽しいように思えた。

「コンちゃん、今度どっか遊びに行かんけ？」

私の申し出に、コンちゃんは満面の笑みで答えた。

「富山、めっちゃおもしー（おもしろい）から。聡ちゃんに教えてあげっから私にまかしとかれ！」

こうして、添乗員コンちゃんの高らかな宣言とともに、〝チキチキ！富山探検ツアー〟は始まった。それは、なにかと東京か富山かにとらわれていた私のチンケな二元論を、どやさどやさと痛快に蹴散らしていく体験となるのだった。

2

富山でライター活動を始めて二年が経った二〇一〇年。それまで企画単位で携わってきたフリーペーパーから、連載をやらないかという話が舞い込んできた。私は真っ先に、コンちゃんとの週末ぶらり旅を誌面上で展開するという企画を提案した。狙って作ったわけではない、何がどうしてこうなった的な場所。どう魅力を表現したらいいのかわからない、こちらの語彙力を試すかのような人物。私が担当する連載は、そんな「うん……うん？」と思わず二度見してしまう、富山のアクをすくい取るページを目指すことにした。富山への偏愛を愚直に貫きたいという思いから、連載のタイトルは「郷土愛バカ一代！」と名付けた。

私がフリーペーパー内でレギュラー枠を獲得したことを知ったコンちゃんは、取材自体を遊びの延長として受け入れ、文化祭の出し物にはしゃぐ中学生のように楽しんでくれた。毎回、テーマごとに「第二五六回　チキチキ！　雷鳥を探せ～！」などと書かれた画用紙を持って、ニカッと前歯をむき出しにして私を迎えに来てくれた。

「あそこのサンドイッチ食べんことには旅は始まらんから！　さとちん、絶対に好きだから！」

なかでもコンちゃんがその魅力に太鼓判を押す店が、立山サンダーバード（サンダバ）だった。サンダバは、富山きっての一大観光名所、立山黒部アルペンルートの麓に立地するよろず屋だ。富山産コシヒカリを井戸水で炊き上げたおにぎり、地元で採れた山菜や魚を使った昆布締め、百種類以上にも及ぶサンドイッチなどの手作りフードで客の胃袋をつかんできた。独創的な品揃えで、近隣の大手コンビニチェーンに対抗してきた店だ。

「登山客向けの店を出せば当たる」

自身も登山愛好家である店主の伊藤敬一さんは、立山の登山客を迎え入れる玄関口ながら、土産店が一軒しかないこの地に商機を見出した。そして一九九六年、長男の敬吾さん、妻の三知子さんと三人で、独自のコンビニをオープンさせた。おにぎり、サンドイッチ、カップ麺が充実しているのは、登山客が手軽に食べられる商品を優先したからだ。その後、釣りを楽しむ人たちに向けた釣り餌も置くようになり、店の表には「おにぎりあります」の横に「ミミズあります」の貼り紙が並ぶようになった。

敬一さんは東京の大学を卒業後、富山に帰郷して地元の化学メーカーに勤めたが、もっと英語と化学を学びたいと、二十代半ばで渡米。ワシントン大学で物理化学を専攻した。留学中の一九七〇年には、シアトルからカナディアンロッキー、アラスカへと五千キロの道のりを車で激走する旅に出る。敬一さん曰く「走りすぎて車が割れてしもた！」という、車が故障するアクシデントに見舞われながらも、道中、北米最高峰のマッキンリーの単独登頂に成功した登山家、植村直己と遭遇し、宿泊をともにした。山男の敬一さんにとって、植村氏は神様のような存在だった。今でもサンダバの店内には、植村氏本人からもらったという、登頂成功を報じたアラスカの地元新聞が後生大事に飾られている。

約三年半の留学を終えて帰国した敬一さんは、しばらく愛知の貿易会社に勤務していたが、山が恋しくなり富山に帰郷する。ふたたび地元でサラリーマン生活を送った後、五十五歳のときに一念発起して会社を辞め、立山サンダーバードを開店したのだった。

「好きな山にすぐ行けると思ってここに店を出したんに、店を出したせいで山に行けんくなった」

敬一さんの自宅はホタルイカの漁場で知られる滑川市《なめりかわ》にあり、妻と息子は海から山に向かって通勤している。しかし敬一さんだけは、早朝五時から夜八時まで年中無休で店を運営するために、この十五年間、自宅で寝ていないという。

「この間、久々に家に戻ったら風邪ひきましたわ。休むほうが体調悪なるねぇ」

頻繁に登山はできなくなったものの、愛する立山の麓で店を続けていくことが、敬一さんの活力になっているのだろう。

敬一さんは歩くパワースポットのような人で、「興味があることはとりあえずやってみる」を信条に掲げている。釣り師でもある敬一さんは、鮎釣りに使用するおとりの鮎の養殖にも挑んだ。だが四苦八苦して井戸を掘ったものの、そもそも井戸水自体が鮎の飼育に向かなかったらしく、鮎が全滅してしまう。しかし転んでもただでは起きない。魚を鮎から鯉へと乗り換えて、見事、養殖に成功した。さらにモグラと格闘しながら釣り餌のミミズの繁殖にも成功したが、同じく釣り餌となるサナギの場合は「羽化して蝶々になってしもた！」とのこと。寵愛しすぎて失敗したらしい。

「何かやってダメになるとすぐに失敗したとかいうけどね、成功しなかっただけで失敗はしとらんのですよ！　物事には必ず長所と短所がある。一％でも長所が上回ればＧＯですよ！　高い壁の話ばっかせんと、前向きな話をせんといかんです」

果敢にトライ＆エラーを続ける根性と、道なき道を行く勇気。生粋の冒険野郎である敬一さんの開拓精神が満ち満ちたサンダバに、マニュアル命の大手コンビニは到底、太刀打ちできるはずがない。世の中が禁煙ムードへと流れるなか、輸入タバコのラインナップは県内でもトップクラス。伊藤家の誰ひとりとしてタバコを吸わないのに、求めている人がいるから置いている。かつては山の環境に配慮した、おが屑を利用したバイオトイレ(百万円!)まで扱っていたという。ミミズからトイレまで、そんな振り幅のでかいコンビニ、日本広しといえどもここだけではないだろうか。

「店を開いた頃は、人生は六十からがスタートだと思っとったし、七十を過ぎれば人生は八十からやと思う。百歳が目標ですわ。人生、ボーッとしとるとアッという間に過ぎ去ってしまうよ。そうでしょ?」

そんなエネルギッシュな敬一さんに「へいへい」と併走しつつ、軌道修正しているのが妻の三知子さんと長男の敬吾さんだ。二十五年近く、家族三人で店を営んできた。敬吾さんはお母さん似のやさしく温厚な人柄だ。しかし父のDNAが荒ぶるのか、敬一さんに負けず劣らずの大胆な発想がひらめく人でもある。

なかでも敬吾さんが生み出すサンドイッチは、既存のパン屋さんでは見かけない斬新な具材が勢ぞろいしていた。名物はスナック菓子、ベビースターラーメンを挟んだ〝ラーメンサンド〟。夏になれば、ゆで卵と紅しょうがをトッピングした〝冷やし中華サンド〟がお目見えする。その他も富山名産のブリ、ホタルイカ、鱒寿司までパンに挟み、生臭くはないのだろうかと心配になるが、意外にどれも美味しかった。

「お客さんのリクエストも積極的に取り入れてます。この間も肉まんを扱ってほしいってお願いされたんで、どうせならパンに挟んでしまおうかなと。そのお客さんは純粋に、肉まんだけが欲しかったみたいながですけど。アハハハ」

客のリクエストを取り入れているようで、取り入れていない。ニコニコしながら、客が投げた球を明後日の方向に打ち返すのが敬吾さんなのだ。とはいえ、おふざけで商品を生み出しているわけではない。大手メーカーから地元の農家、魚屋まで、幅広い商品を取り寄せられるネットワークと、調理師免許をもつ敬吾さんのたしかな腕があってこそ、奇想天外サンドイッチは成立していた。

またこの店では、同じ銘柄のカップうどんの関西風と関東風の両方を取り寄せ、ズラリと棚に並べていた。それは富山が日本の東西の中間に位置するので、味の傾向も二種類あったほうがいいだろうという発想からだった。ほかにも独自のセレクトの富山土産や、富山にまつわる作家の本、敬吾さんみずから手掛けた店オリジナルの雷鳥グッズもある。富山の中にいながら、外からの目線を持った伊藤家のサンダバには、この地を楽しんでもらおうとするアイディアが至る所にちりばめられていた。

「このカップ麺が並んどるところに、大間のマグロを置ければ良かったがやけどもねえ」

「うちのお父さん、真顔で言うから冗談か本気かわからんくなるんですけど、今のは冗談だと思います」

親子漫才も毎度の光景である。サンダバは訪れるたびに細かい変化があり、いつもそそられた。変わり種サンドイッチは日々、進化を遂げ、餃子とチャーハンを挟んだ〝チャーハンセット〟なる新作の登場には「そう来たか！」と膝を打った。

変わらずに在り続けていくために、変わり続けようとする。私はそういった場所、人たちにどうしても惹かれてしまう。その魅力をまだ知らない県民がいるのだとしたら、なんてもったいないのだろう。帰郷直後の自分がそうだったように、「富山なんて退屈だ」と嘆いている人たちを、今度は私自身がナビゲートする番が回ってきたのだと思った。文章でこちらが富山を全力で面白がれば、読者のひとりふたりは食いついてくれるはずだと妙な自信があった。

フリーペーパーの連載によってエンジンがかかった富山探検ツアーは、やがて失われていく街の猥雑な香りを辿る旅へと発展していく。アラサー独女、とっくに物の分別がついている年頃かと思っていたが、往生際悪く、二度目の思春期に突入した。

第5章

開かれた異界としてのドライブイン、日本海食堂

1

かつては新潟と京都を結ぶ国道八号線であり、現在は県道となった富山滑川魚津線（旧八）沿いを、富山市内から新潟へ向かってコンちゃんの軽四で走る。次の目的地は、コンちゃん自身も未体験のスポットだった。その道すがらにある中華料理店を指さし、コンちゃんは言う。

「あれ、〝新装オープン！〟って窓に貼ってあるけど、ずっとあのまんまやから。開店する気なんてこれっぽっちもないから」

ブラックな案内を助手席で聞きながら、私は帰郷して二年も経つのに、実家から車で十分程度の東方面に行くことすらなかったことに気づいた。

田植えを終えたばかりの田んぼの点々とした緑色、農機具の入った小屋の錆びた茶色、うっすらとした曇り空の灰色。単調な色合いの風景が窓の外を流れていく。

「地味な田舎町だわ〜。これぞ富山」

私が感慨にふけっていると、興奮したコンちゃんの甲高い声が上がった。

「面舵いっぱーい！」

コンちゃんが豪快にハンドルを切った先に、古ぼけた建物が突如として現われた。それが今回の目的地、日本海食堂だった。

バラック小屋に近い建物の外壁には〝国際コドモ秘宝館〟なる看板と、アース渦巻などの色とりどりのホーロー看板が掲げられていた。だだっ広い駐車場には白い旧車を塗り替えたのであろう偽パトカーと、塗装のはがれた交通安全人形が待機していた。

「毎日、車で通るんやけど、勇気なくて入れんのよね」

鯉と一緒に露天風呂に入るくらい物怖じしないコンちゃんがそう言った意味がわかった。田舎の侘しい風景に寄り添う気なんてない、堂々たる異彩っぷりである。私は思わず足がすくんだ。

「すごいやろぉ？　ふふっ」

イジワルに笑うコンちゃんの後ろについて、私は恐る恐る中に入った。

店内には沢田研二や山口百恵といった往年のアイドルの等身大パネル、三菱、松下といった家電メーカーの販促グッズ、クレイジーキャッツの映画ポスター、淡谷のり子のレコード、瓶のコーラの自販機、ピンク色のダイヤル式電話などなど、見渡す限り昭和の色濃いレトロアイテムがひしめき合っていた。

「あ、千葉(真一)ちゃんの『戦国自衛隊』のポスター!」

「笑福亭仁鶴のグッズがある!」

昭和世代の芸能が大好きな私は、無邪気に興奮した。

「うっほ〜……」

コンちゃんもニタニタ笑いながら、感嘆の声を漏らしている。

「さとちん、あれ見て! 公衆電話ボックスあるし、中にマネキンの親子まで入っとるよ!」

「この柱にバスの降車ボタンくっついとる。呼び鈴代わりかね? ってか鳴らんし! こんなにおもしーとこなら、もっと早く入っとけば良かったわ〜」

コンちゃんはひとしきり喜んだ後、しみじみつぶやいた。

圧倒的なコレクションに胸焼けを起こすかと思いきや、不思議とそうはならなかった。それぞれのアイテムはパンチはあれど、巧みな配置により、広い店内は均整がとれていたのだ。一見すると温泉街にある秘宝館や昭和資料館かと見間違うが、ここは半世紀にわたって現役バリバリに稼働する、ドライブインレストランだった。

「いらっしゃい」

店をうろつき回る飛び込み客をにこやかに見ていた小柄なお母さんが、私たちが落ち着くのを見計らって、水とメニューをテーブルに置いてくれた。コンちゃんはオムライスを、私は中華そばをオーダーした。この店は私たちのような、常日頃から面白がりたい人間にとっては退屈しない場所だった。なんでこんなに昭和アイテムだらけなのか。入口に転がる兵馬俑《へいばよう》はどこからやって来たのか。なんでメニューのサラダが〝時価〟なのか。ツッコミどころは至る所にあった。しかしこの店の本懐はそこではなく、店のスタンスはあくまで〝平常心〟だということだった。

新幹線0系のオモチャ、宮史郎のカセットテープが並ぶカウンターのガラス棚の隣には、煮魚、肉じゃが、漬物といった小鉢が陳列されている。テーブル席では天地真理の等身大パネルに見守られながら、スポーツ新聞を読んでタバコをくゆらすおじさんと、カツ丼を食べながらスマホをいじる若者がいる。小上がりでは、眼光鋭い三船敏郎、半裸の長州力の特大ポスターが男臭さを発散する中、家族連れがオムライスを食べ終えテレビを見ている。かたや車雑誌を広げ、夢中で話し込むカーマニアの一群……。

みなさん思い思いにくつろいでおられるのだ。この店を、昭和にタイムワープできるテーマパークだと舞い上がり、ギャーギャーはしゃいでいるのは私たちだけだった。外観のインパクトから混沌とした世界が広がっているかと思いきや、店内にはびっくりするくらい平穏な二〇一〇年代の日常があった。

私は中華そばをすすりながら、みずから奇抜であろうとはしていないことが、この店のユニークさなのではないかと考え始めていた。その魅力を突き止めるべく、それから私はひとりで日本海食堂に通い始めることになる。


「ピストン来ると、俺、な〜んか体調悪くなんがいぜ。今日は目からツクシ生えたわ！」

左目にものもらいをこさえたこの人物が、二代目店長である種口茂さんだった。種口さんはいつも〝割烹あしや〟と刻印された、縁もゆかりもない店の白衣を着ていた。ボケているのか素なのか。飄々とした態度に一層興味をそそられた。それまで私はフリーペーパーの読者に紹介するという目的で、富山のスポットを巡ってきたが、自分自身のただ「知りたい」という欲求に突き動かされ、記事にするあてもないのに取材を重ねるのは初めてだった。

富山市と滑川市との境目にある日本海食堂は、国道八号線沿いのドライブインレストランとして一九六五年に開店した。時代は高度経済成長期真っ只中。日本のモータリゼーションが急速に進展しようとしていた。富山から東京、大阪といった都市部へ向かう大動脈の八号線に立地し、二十四時間営業も行っていたこの店は、菅原文太ばりのトラック野郎たちや家族連れで大いに賑わっていたという。当時、家族みんなで外食をするという行為は、ちょっとしたイベントでもあった。

私が日本海食堂に通うようになったある日、父が突然「オトンとオカンも昔は食堂に行っとったぞ」と、思い出したように言った。六〇年代半ばに富山大学の自動車サークルで出会った父と母は、ドライブデートでよくこの店を訪れていたという。父曰く「一九六四年の日本グランプリで、初めてポルシェを追い抜いた国産車やぞ！」という、日産が生んだスカイライン２０００ＧＴの新式を、当時、富山の一流メーカー、不二越の重役だった祖父が購入。ドラ息子の父はその伝説の名車で母を連れ出し、車体がボコボコになるまで乗り回していたらしい。サークル仲間ともよくラリーに挑んでいたそうで、中継地点として日本海食堂を利用していた。

「あそこは豚汁定食が美味しかったのぉ～」

目を細めて昔を懐かしむ父に対して母は、当時のデートを苦々しく振り返った。

「ただ車乗って走るだけ。この人ちゃ、他にな～んもないんかと思った。２０００ＧＴに騙されて結婚したようなもんやちゃ……このクソ親父ぃい～！」

こうして父の甘酸っぱい思い出話は、またしても母の地雷を踏むのだった。

それにしてもまさか若かりし頃の両親と、アラサーとなった娘の点と点が、約四十年の時を経てつながるとは。私は日本海食堂の歴史の深さを感じずにはいられなかった。

「本当は車のデザイナーになりたかったん……」

在りし日の夢を語り始めた父に、私はカーマニアたちの定例会が店で行われていることを伝えた。すると、さっきまで母に怒鳴られ、灰色だった父の瞳がキラキラと輝きだしたではないか。

「オトンも連れてって！ 連れてって！」

父にしつこくせがまれた私は、しぶしぶ父同伴で日本海食堂を再訪することにした。


店の駐車場には、県内外の旧車マニアたちの愛車が勢ぞろいしていた。

「だははは！ 日産のダットサントラック620型あるぅ〜」

父は何がおかしいのか、腹を抱えて笑っている。嬉しくて仕方がなかったのだろう。キャインキャインと仔犬のような人懐っこさで同好会の輪に入っていった。

「三菱ミニキャブ5の軽トラで飛騨高山を越えてきたんですか⁉ いや〜、すごい」

初対面の人相手に喋りまくっていたかと思えば、いつの間にかオトン垂涎《すいぜん》の車、三菱ギャランGTO-MRに乗せてもらい、どこかへ走り去って行った。車にこれっぽっちも興味のない私とマニアの皆さんとの間に立ちはだかっていた壁を、父は軽々と越えていったのだった。

しばらくして興奮気味で店に戻ってきた父を囲み、小上がりで宴会が始まった。大学時代のラリー体験を得意げに語る父の話に、これほど熱心に耳を傾けてくれる人たちを私はいまだ知らない。くたびれた親父に精魂を注入する再生工場が、日本海食堂なのかもしれない。心の底から楽しそうな父の生き生きとした表情を目の当たりにし、私はひそかにそう思った。タイヤホイールやエンジンを囲み、おじさんたちが何時間もお喋りしているさまは、ここが日本海食堂でなければ成立しない異様な光景だった。

正直言って「そんな鉄クズ見て何が面白いんやろか」と私は呆れていたが、考えてみれば私だって同じようなものだ。

「お前、毎日毎日、何回も同じもん観続けてアホか」

幼少期にひたすら観続けて、兄をうんざりさせた『スパルタンX』について、私が嬉々として語り倒していられたのは、映画好きが集まった編集部が自分の居場所だったからだ。おじさんたちにとっても、日本海食堂は代わりのきかない大切な居場所なのかもしれないと私は思った。

「この人ら、店が閉店しとるんに真っ暗な駐車場でずーっと喋っとるからね。おっかしいやろ?」

種口さんは笑いながら私に言った。

「お父さん、また連れて来てあげられ」

何かを偏執的に追い求める人たちの異様さも、そうじゃない人たちの凡庸さも受け入れる種口さんの大らかさは、店の魅力そのものだと思った。

「日本海食堂に集うマニアのすごさは、どれだけ高いクラシックカーを持っとるかじゃない。昔は誰も見向きもしなかった安い軽四のポンコツ車を、大事に大事に今も乗っとるところなん。車が生き続けとるが。それはものすごい価値があることなが。日本海食堂もそれと同じなんよ」

珍しく父がいいことを言った。では、この店が生き続ける底力とは、なんなのか。

2

日本海食堂は高度経済成長、バブル崩壊、平成不況という時代を生き抜いてきた。創業から十年ほどは、食堂前を通る国道八号線が富山の流通を担うメインストリートだった。しかし七〇年代半ばになると、八号線にほぼ並行するかたちで高速道路、北陸自動車道の富山区間が開通。八〇年代以降は八号線の渋滞を回避するバイパス工事も盛んになり、食堂前の道が国道から県道へと降格した。全盛期に比べ交通量はガクンと減り、客足も遠のいた。

九〇年代に入りバブルが崩壊すると、ドライバーの休憩所はパーキングエリアやコンビニ、家族団らんの場は安価なファミレスへと移行していく。全国津々浦々のロードサイドに存在していたドライブインは、フランチャイズの侵攻によってその役割を奪われつつあった。しかし同業者が閉店に追い込まれる中、日本海食堂はどうにか踏ん張りをきかせていた。その火事場の馬鹿力とも言うべき原動力となっていたのが、当時三十三歳だった二代目店長である種口家の長男、茂さんだった。窮地に立たされた日本海食堂を、ホーロー看板で救った軍師が彼だ。

二〇〇〇年代に入り、茂さんの両親は建物の老朽化、自身の健康面の不安などもあり、店を畳もうとしていた。茂さんとしては店を再建するというよりは、最後ぐらい両親に花を持たせてやりたいという心境だった。そして自分が小さかった頃の店の賑わいを取り戻すべく、その当時を思い起こすホーロー看板などを集めて店内に飾り始めた。上っ面をリノベーションするのではなく、店の古さを〝味わい〟と捉え、そこに〝崩壊寸前のオンボロ食堂です〟という自虐的なユーモアを加えたのだ。

茂さんは蚤の市でホーロー看板を探し求めるうちに昭和マニアと親交を深め、彼らが持ち込んだレトログッズが続々と店に集まりだした。小上がりで草野球チームの打ち上げが行われ、テーブル席では労働者が飯をかっこむという日常風景には、いつの間にか森昌子、山口百恵、天地真理ら〝看板娘〟が加わった。そして駐車場には六〇～八〇年代の旧車数台と、エンジンを囲んで談笑するおじさん軍団が現れるようになる。

「五千円が入った名なしの封筒がポストに挟まっとったときもあったよ。〝わずかですが足しにして下さい〟って書いてあった。ありがたいちゃ」

しまいには児童養護施設にランドセルを寄付する、タイガーマスクのごとき存在まで降臨するという、謎の磁力が働くようになった。それはひとえに、種口茂という人が引きつけたものだった。

富山には「旅の人」という方言がある。それは文字通り富山を訪れた旅行客という意味もあるが、大概において、他県から富山にやって来た移住者を指す。一九七九年生まれの私の世代が、その言葉を日常的に使うことはほぼない。しかし、一九四〇年代に生まれた私の親より上の世代が話している場面に出くわすことは結構ある。

「あそこの嫁はん、旅の人やからね」

自分の故郷より、嫁ぎ先の富山で過ごした年数のほうが圧倒的に長くても、その妻は地元民ではない人＝よそ者と周囲から悪気なく言われ続ける。なんてことのない日常会話に、富山の閉鎖性はゆるやかにはびこっているのだ。

「旅の人」という方言は廃れていくのかもしれないが、だからといって自分たちの中に排他的な気質がなくなるかといえばそうではない。

「富山のことなんて知りもしないくせに……」

富山に戻ってきた当初はよそ者として疎外感を抱いていた私自身、今では県外から新規参入して来た人々の華々しい活躍に、陰湿な眼差しを向けてしまうこともある。自分が通い詰め、愛でてきた場所を部外者に荒らされるのが気に食わない。富山に根ざして生きようとすればするほど膨れ上がる縄張り意識は、私がかつて「鬱陶しい」「厄介だな」と思っていた類のものだった。

しかし茂さんは、富山で生まれ育ちながら、あるときはみずからが旅の人となり、あるときは旅の人を受け入れる側になっていた。

「こんな場所ちゃ、作ろうと思って作れるわけじゃないからね」

茂さんが店の跡を継ぐべく、料理修業のため上京したのは一九八六年、十九歳になる年だった。しかし二年もしないうちに、東京で出会った沖縄娘との恋に破れ、「あの子が南の島へ帰るなら俺は北へ……」と、茂さんはヤマハのバイク、TT250を駆って夏の北海道へ向かう。その心境は『幸福《しあわせ》の黄色いハンカチ』の欽也（武田鉄矢）そのものだったそう。しかし桃井かおり的な運命の人に出会う前にバイクがぶっ壊れ、修理に立ち寄った十勝、足寄町《あしょろちょう》のドライブインの社長と意気投合する。

「厨房で働かないか」

「はい！」

いきなり社長にスカウトされた茂青年は、すぐさま快諾。そして社長のトラックを借りて東京の荷物を引き上げ、富山へと一時帰郷する。

「俺、北海道で働くことにしたから」
「え！」
両親の開いた口が塞がらないうちに、茂青年は北海道へトンボ返りしたのだった。

コックとしてドライブインに住み込みで働きながら、ツーリングに訪れたバイカーたちと朝まで酒盛りしたり、負傷した競走馬の世話をしたり、狩猟に出かける社長のお供をしたりと充実した北海道ライフを送っていた茂青年。「これこそ俺が求めていた自由だ！」と確信したのもつかの間、情け容赦ない冬将軍が襲来し、鼻毛が凍るほどの極寒に心が萎《な》えてしまう。ドライブインもオフシーズンとなったことから、料理の勉強をしなおすべく、茂青年は一九八九年に再び東京へ舞い戻った。

「自分探しの旅に出て、自分を見失って帰ってくるパターンを繰り返しとった。ポンコツやろ？」

茂さんは自嘲するが、食堂を継がなくてはいけないという使命感と、人生、成り行きまかせというさすらい感がゴッチャになっているこの人が、私はとても好きだった。自分のやりたいことに、どこかで落とし前をつけようとする感じも親近感が湧いた。

その後、茂青年は北の大自然から、アメカジブームに沸く東京のオシャレスポット、代官山のアメリカンダイナーに潜入する。そして、店に訪れる外国人客たちと親交を深めるうちに、「アメリカに行きたい」と今度は海の向こうへの憧れを募らせていく。

しかし同じ頃、父、泰生さんとともに店を支えていた母、静さんが体調を崩し、日本海食堂は営業がままならなくなっていた。初めて両親から発せられたSOSによって、茂青年はついに観念して富山へ戻ることになった。

時は一九九四年。バブルが崩壊し、長期にわたる平成不況へと突入していた。しかし二代目が戻ってきたことで店は再び軌道に乗り、お母さんの体調も回復する。そうなると安心したのか、茂青年の中でむくむくと放浪癖が顔を出し始めた。一年に数回休みを取り、ロサンゼルスやニューヨーク、アジア各国を巡った末、最終的に向かった先がネパールだった。しかも今度は単に観光するのではない。現地で暮らすという行動に出たのだ。

「俺もあんたと一緒なん。富山でくすぶっとるのが嫌だったん」

食堂のテーブル席で自分の半生を語りながら、茂さんは私に食べさせるハッサクの皮を引きちぎり始めた。この人は無軌道な日々を過ごしてきたようでいて、実家のドライブインの存在が常に真ん中にある。だからこそ、そこから飛び出したい衝動をいつも抱えていたのかもしれない。私は豪快にひんむかれたハッサクを口に運びつつ、茂さんの青春に思いを馳せた。

一九九六年から二年間、茂さんは店を両親に任せ、青年海外協力隊の料理指導員としてネパールで暮らした。会社に属したまま派遣される「現職参加」という制度を利用できたため、店にも人件費が給付され（当時）、両親への負担は減らせた。

「ネパールちゃ、昔の日本の田舎みたいになーんもないとこやった。でも物がなくても、みんな幸せそうに暮らしとった。人と人とが濃密に繋がっとって、俺もそういうもんを大事にしようと思ったんね。どっこもフランチャイズ化して、個人商店っていうもんがなくなる前に、お客さんたちの社交場としての食堂を取り戻したかったん」

ネパールは、かつてトラック野郎、旅人たち、地元民らが交錯し、ひとつの大きな溜まり場となっていた日本海食堂の面影と重なり、妙に懐かしい居心地の良さを感じたという。ネパールで過ごした日々は、かえって実家の食堂を営もうという決意を新たにさせた。一九九八年に帰国してから、茂さんは正式に日本海食堂の二代目店長となった。


よそ者が行き交う、ドライブインレストランという生業を幼少期から知っているがゆえの、茂さんの軽やかな身のこなしは、現在のディープなのに間口が広い日本海食堂を育む土台となっていた。私はこの店のお客さんがてんでバラバラ、好き勝手にくつろぐ空間に憧れた。それぞれにここが居場所だと感じながら、互いのコミュニティの間に頑強な境界線が張り巡らされているわけではない。それは店主である茂さん自身が、日本海食堂を「自分の店だ」と主張する縄張り意識がないからだと思った。

「俺は基本的にどうしたってバックパッカーなんよね」

私は〝茂のわんぱく一代記〟を聞きながら、目の前に出されたホットコーヒーをじっと見つめていた。なんでハナエモリ風の花柄ソーサーの上に、ミスタードーナツの販促マグカップを置くのだろうか……。胸が熱くなるような話を繰り広げているのに、間が抜けている目の前の現実。それが種口茂という人の、そして日本海食堂の愛すべき魅力だった。

「俺、蜂に刺されて足ボンボンに腫れて、今朝まで一週間入院しとったんぜ。ピストン来るとやっぱ俺、体調悪なるわ」

「今日は俺の体調じゃなくて店の調子が悪なった。トイレの水道管、破裂したわ」

「この間、昔の消防車をゲットしたんやけど、動かそうとしてみんなで車体いじっとったら煙出てきて、あやうく消防車呼ぶところやったわ」

私は店に行くたびにどんな異変が起こっているんだろうとワクワクし、期待を超える状況に笑い転げた。

さまざまなコミュニティの人たちが集い、飯を食い、行き交うことで、昨日とは違う食堂の一日が更新されていく。茂さんとお客さんの交流によって、ゆかいなエピソードも次々と生まれる。この食堂は今を生きている。

私は街に汎用性の高い枠組みを置くことが、さまざまな〝旅の人〟を受け入れることになるとは思わない。全国共通の白いハコを置いたところで、人や空気が澱んだり、交わったり、ぶつかりもせず、単に通り過ぎていくだけだ。本当の意味で間口が広く、フラットであるというのは、煮え煮えのアクを出すコミュニティ同士が、個性を奪われることなく平穏に共存していることだ。そんな理想形を、私は日本海食堂に見た気がした。この場所は茂さんが言うように、「作ろうと思って作れるものじゃない」「たまたまこうなっただけ」なのだろう。だからこそどこにもない、ここにしかないものがあるのだと思う。

日本海食堂がこの先、どこまで続いていくのかは私にはわからない。急に「旅に出ます」とメモだけ残して、ポンコツのバイクを駆って、ぷすぷすとエンストしながら茂さんはまたどこかへ行ってしまうかもしれない。それでも彼がいる限り、そこには磁場が生まれるだろうから、私は発せられる怪電波をキャッチしてまた会いに行けばいい。

私はこの場所の愛しさを、自分の言葉で表現したいと思った。

「日本海食堂はカツ丼が名物。是非行ってみて下さいね」

そんなありがちな定型文なんて書きたくなかった。読んだ人が食堂に行こうが行くまいが、私の知ったこっちゃない。それにカツ丼ならもっと他に美味い店がある。

「ここが猛烈に好きだ!」

私はその気持ちを四方八方に投げつけようと思った。それは十七歳のときにこみ上げてきた、「ギターをかき鳴らしたい!」という初期衝動と似ていた。

3

二〇一〇年夏、女性向けのライフスタイルを紹介する地元フリーペーパーに、「おっ邪魔しま〜す!」と乗り込んだ私の個性強めのルポ連載、「郷土愛バカ一代!」は、読者の間では驚きと戸惑いをもって迎えられたようだった。私は富山に帰郷して以来、発酵させてきたくすぶりを、少し解消できた気になっていた。

「一年後は巻頭で特集ページをぶち上げて、ファン感謝祭でもやりましょうか! なんつって! ワハハ!」

私は調子に乗って編集部に豪語した。だが、それは見果てぬ夢に終わった。

「ピストンさんの連載、ちょっとアクが強すぎるので、もうちょっと読みやすいオシャレなページになりませんかね? 『BRUTUS』みたいな感じで」

「私にはオシャレな引き出しはありません」

営業部から配属されてきた若い女性編集長との打ち合わせの席で、私の連載は、わずか十カ月で打ち切りとなったのだ。フリーペーパー全体を、新編集長の方針により、スタイリッシュな誌面にリニューアルすることになったらしい。私はようやく自分のフィールドを手に入れたという感慨に耽る間もなく、とっとと追い出されてしまったのだった。

私は基本的に、〝四角いもんを丸く収めたい〟という、笑福亭仁鶴イズムを発揮する性質だ。できるだけ周囲とは軋轢少なく、ヘラヘラ笑って済ませたい。それができないほど癪に障っても、頭が真っ白になって反論する言葉が出てこない。こういうタイプはその場で対処できずに、憤りの気持ちを熟成させてしまう。そして一週間後ぐらいに、突然、シュポポー！と憤怒を噴き上げるので、相手にしてみれば「なんでこいつ急にキレたの？」となる。

事実上、ライターをクビになった私は、後日、フリーペーパーを発行する広告会社の社長に長文メールを送りつけた。私がどれだけこの連載に情熱を注いできたと思ってるんですか。オシャレってなんなんですか。結局東京の真似事ですか。関西の人気長寿番組「探偵！ナイトスクープ」的な要素を入れてほしいという話はどこにいったんですか。富山のディープな魅力を読者に伝えたいっていうポリシーは消えたんですか……。目上の人に抗議したのは初めてだった。それくらい悔しかった。

それから数日後、面識のない社員さんから「感動しました」とメールが送られてきた。社長はなんと私のメールを全社員に一斉転送し、朝礼でこう告げたらしい。

「ピストンさんの熱い思いを引き継ごう！」

見知らぬ人からのメールを読みながら、涙がポロポロこぼれた。自分を用済みにした会社が、社内の士気を高めるためだけに私の渾身の想いを利用し、晒し者にしたとしか思えなかった。

後から思えば、あんな広告収入も見込めないページを、一介のライターに好き勝手やらせてくれたのだから、感謝すべき部分はあった。フリーペーパーという場所はあらかじめ作られたものであり、私は人様のフンドシでひとり相撲を取っていたに過ぎない。親方の方針にそぐわなければ、追い出されるのは当然だ。冷静になれば至極真っ当に思えることも、そのときはムカついて、惨めで、悔しさで一杯だった。とにかく外に向かって「キー!」と叫ばないと、自意識のブラックホールに吸い込まれて、いよいよ戻ってこれなくなる気がした。


お前はうちには必要ないと宣告され、とても傷ついた私は、自分でブログを開設し、ひとりで連載を続けることにした。「クビになっちゃいました。テヘ♡」と自虐の皮をかぶりつつも、「クビにしやがってこの野郎!」という編集部への恨み、「富山はもっと多面的な魅力があるはずだ!」という思い込みを、ブログ上で発散させていくことにしたのだ。

こうして怒りの逆噴射パワーによって始まったブログがのちに、自分で自分の居場所を作ることに繋がる、小さな、小さな一歩となる。

第6章

新世代カルチャー生む西別院裏、長屋界隈

1

「藤井さん、自分で本とか作ったりはしないんですか?」

総曲輪の裏通りに店を構える古書店、古本ブックエンドの店主、石橋奨《すすむ》さんからそう尋ねられたのは、二〇一三年春だった。地元の飲み会で知り合ったフリーの映像カメラマン、島倉和幸さんという人が、「面白いブログを見つけた」と私のブログをSNSで紹介してくれたことで、島倉さんの友人の石橋さんへと情報が渡り、私は彼らが開いている飲み会に呼ばれたのだった。

ブックエンドは美術品を扱うお店、雑貨店、民芸品店などが軒を連ねる総曲輪の長屋の一角にある。長屋は、富山における浄土真宗本願寺派の拠点で、二百年以上の歴史を誇る

本願寺富山別院（西別院）が所有しており、夕暮れ時になると、ゴ〜ンというお堂の鐘の音が周囲に鳴り響く。旧大和が街なかの表通りの顔だったのに対し、西別院は裏通りの顔である。総曲輪の重鎮が見守る長屋の店子《たなこ》に、二〇一〇年頃から富山の若手店主の店がチラホラと入るようになり、新たなカルチャーが芽吹き始めた。表通りの商店街のシャッター化と反比例するように、裏通りにはにわかに個人店が増え始め、人が集まるようになっていった。

古本ブックエンドが店を構えたのは二〇一二年。高岡市で古本屋、上関《かみぜき》文庫を営んでいた石橋さんと、石川県金沢市の古本屋、オヨヨ書林の山崎有邦さんによる共同経営だ。山崎さんはまだアマゾンもヤフーオークションもない九〇年代末に、インターネットで古本を売り始めた先駆者だ。実店舗のない古本屋で、古書組合に入ることを許された初めての人だったらしく、古本業界のニューウェーブとして東京でその名を轟かせていたそうだ。その後オヨヨ書林は根津、青山で実店舗を構えたのち、二〇一〇年に地方都市、金沢へ移転した。一九七五年生まれの山崎さんも、一九七三年生まれの石橋さんもそれぞれ富山から上京し、四十歳手前で地元へ戻った人たちだった。二人は本の文化が消えゆく街なかに、古本屋を作ろうと意気投合した。

民芸品店、林ショップの林悠介さんも、同じくUターン組で私と同じ一九七九年生まれだ。東京で写真に携わっていた彼は、帰郷後、もともと長屋にあった知人の店を譲り受けて二〇一〇年に開店した。林ショップでは、富山の八尾《やつお》の和紙工房、桂樹舎《けいじゅしゃ》の商品や沖縄伝統の焼き物、新進作家の作品などを扱っている。また、林さんは高岡銅器の鋳造作品を手掛ける作家でもある。

「感度の高そうな人がやってるんだろうな」

いつもオシャレなお客さんが集っていた林ショップを、私は以前から遠巻きに見ていた。長屋一帯は一種の文化的サロンのような役割を担っており、個人で音楽イベントを催したり、ジンを作成したりする若手アーティストたちの溜まり場でもあった。田鶴子の棲む総曲輪ビリヤードと同じ地区にあったので、以前から気にはなっていたのだが、私は足を踏み入れられずにいた。自分と似たような境遇の同世代の人たちが、のびのびと自由な活動を展開していることに、羨望と嫉妬を抱いていたのだ。そこに近づきたいと思いながら、臆して近づけなかった。

当時、石橋さんと島倉さんたちは、その後、富山の大規模な本のイベントとなるBOOK DAYとやま(ブックデイ)を初開催しようとしていた。私が富山という超保守的な社会で、自分の足場を確保できるかもしれないと思えたのは、このイベントのおかげだった。

イベントの趣旨は、県内外からプロの古本屋が出店するだけでなく、一般の人が段ボールひと箱分の古本を持ち寄る〝一箱古本市〟も同時に開催するというもの。自費出版したミニコミやジンを販売してもOKだという。その一般枠にミニコミを作って参加する気はないか、というのが石橋さんから私へのお誘いだった。

東京や京都、金沢などのイベントに頻繁に出店している石橋さんにしたら、自分で制作物を作る人たちの存在は珍しくはないのだろう。しかし私はまさかそんな話が自分に舞い込んでくるとは思いもしなかった。自分でミニコミを作るという発想は、これまで一ミリもなかったのだ。

私はそれまで、東京の出版社でも富山に帰って来てからも、会社から与えられた土俵の上でエゴを撒き散らしていた。だから自分のやりたいこと、面白いと思うことが反響を得られずとも、媒体が悪い、読者層が違うと他人のせいにしていられた。しかし土台から自分で作り上げるとなると、自分で後始末をしないといけない。何よりミニコミは、私そのものではないか。それが「凡庸だ」と足蹴にされたら、立ち直れなくなってしまう。さんざん表現したいと思い続けてきたくせに、いざ機会が回ってきたら急に怖気づいた。

「そうですね……考えてみます!」

石橋さんにはそうお茶を濁したが、まったく自信がなかった。作るのは、ミニコミだ。いきなりベストセラーを出せとか、芥川賞を獲れなどと言われているわけではないのに、私にとって自分の作りたいものを作るというハードルは、それらと同等に高かった。しかしそんな日和《ひよ》った私に活を入れたのは、まさかの母だった。

「あんたは富山に帰ってきてからも、自分で作る覚悟も自信もなくて、そのくせ文句ばっか言っとる。お母さんはずっと、なんであんたは自分で本を作らんのかと思っとったよ」

夫に見切りをつけてひとりで薬局を開業し、自分の人生を切り拓いた女の言うことはさすがの説得力に満ちていた。


母は三十五歳で薬局を立ち上げた。だが店は商店街の中ではなく普通の住宅地にあり、客足が思うように伸びなかった。そこで開局から三年後、薬のみならず、女性客に向けて化粧品や洋服の取り扱いも始め、近くの工場で働く女性たちに商品を売り込みに行った。その当時の自分と同じ年頃の母が、スーツケースいっぱいに化粧品や下着を詰め込み、たったひとりで市内を行商しに回っていたのだ。


当時のオカン版〝黒革の手帖〟には、女性客の趣味嗜好、洋服サイズのデータが事細かくメモしてあった。営業経験もなく、ましてや経営なんてはるか縁遠かった主婦が、二人の子供を育てながら未開の地に飛び込むことは、さぞかし勇気がいったことだろう。その手帖をたまたま実家の机から発見した私は、胸が熱くなった。女房がひとり奮闘しているのに、父は何をしていたのだ。

「お父さんが人生で唯一、勝ち星をあげたのは、お母さんと結婚できたことだ！」

良くも悪くも、この夫がいたからこそ、経営者としての母がある。

その後、母はケアマネジャーの資格も取得。薬局を立ち上げてから十五年後、新たに介護施設の設立に情熱を注いだ。当初は自宅と同じ町内に建てようとしていたが、近隣住民から「認知症の人が夜中に徘徊したら迷惑」「送迎車の往来が危険」と猛烈な反対に遭ってしまった。迫り来る超高齢化社会への危機感が、一般にはまだ浸透していなかった頃だった。

「あなたの家族、そしてあなた自身にもいずれ関わってくる問題なんです」

福祉サービスの重要性を訴える母の言葉に耳を傾けてくれる人は、当時まだ少なかった。「女のくせに偉そうに」というやっかみもあったのではないかと思う。母が男だったら物事はスムーズに進んだのかもしれない。結局、その地域での施設の建設は断念した。しかし母は涙をこぼしながら、悔しさをバネに別の場所での開設にこぎつけたのだった。

そんなことは露知らず、当時二十歳のバカ娘は、母を大阪まで呼びつけ、大学を辞めて映画専門学校に入りたいなどと駄々をこねていた。母は私を叱りつける元気もなかったのか、諭すように言った。

「お前には今のうちにたくさんアンテナを張って学んでほしいが。高い学費を払って仕送りして大学に通わせているのは、可能性がひとつだけじゃないと知ってほしいからだよ」

振り返るとつくづく、母のスネをしゃぶりまくる不甲斐ない娘だった。「とっとと結婚しろ」「はよ子供を産め」「金にならんことをするな」などと厳しい言葉を投げつけながら、誰よりも私にエールを贈ってくれるのは、いつも母だった。

「自分以上に大事で、愛しい存在ができることの素晴らしさを知ってほしい」

母親になることの幸せを娘に望むこともあれば、

「もう、お前は唯我独尊で戦っていけ！」

経営者として叱咤激励することもあった。いずれにしろ、東京でも富山でも足踏みを続ける娘が、母はもどかしくて仕方なかったのだろうと思う。

「本を作るのがおこがましいって言うけど、あんたはもう既におこがましいが。人に何かを伝えたいって思っとる時点で、おこがましいが！　そのことをそろそろ受け入れられ。そして恥をかけ！」

母はたびたび私に、恥ずかしい気持ちを忘れるなと伝えた。母は社員の前で社長然として物を申す自分に、「どのツラ下げて言っとるんじゃ」と自分でツッコミを入れてしまうらしい。母は偉くなりたいわけでも、権力を持ちたかったわけでもなかったのだろう。夫に頼ることもできず、自分で幸せを切り拓くしかないと生きてきたら、いつの間にかこんなところまで来てしまった。そんな感じかもしれない。

「三十五歳で私は背水の陣を敷いた。五十歳で介護施設を作って、ようやく社会に貢献できたと思えた。あんたは私の何を見てきたんけ？　くだらなくてもいいから、自分でやってみられ。世の中に対して自分がどうありたいのか、いっぺんやってみたらわかる」

私はとにかくカッコつけずに、全力で恥をかくことにした。こうして富山に帰郷して六年目を迎えた二〇一三年の春、私は自費出版のミニコミ『文芸逡巡 別冊 郷土愛バカ一代! ホタルイカ情念編』の制作に取り掛かった。

私は初めてのミニコミ制作にあくせくするかたわら、ブックデイの打ち合わせにも招集されるようになった。実行委員の面々と酒盛りする二次会の場所といえば、私のブログを発見してくれた島倉さんの事務所だった。

この島倉和幸という人は、何を生業としているのかさっぱりわからない人だった。島倉さんと知り合ったのは地元の飲み会だった。差し出された活版印刷の小洒落た名刺に「BOOKS-Sima」と屋号が記してあった。

「お店はどこにあるんですか?」

「いや、あの、また!」

古本屋をやっているものと思って尋ねると、曖昧な返事ではぐらかされた。実は元高校教師で、現在の職業は映像カメラマンだと判明したのは半年後。あの名刺は何だったんだ。富山にもいい加減な大人はいるもんだと、ホッとしたことを覚えている。

実体のないエセ古本屋、BOOKS-Sima、通称ブクシマは、総曲輪から少し外れた千石町《せんごくまち》通り商店街に、島倉さんの事務所として存在していた。「古本屋」とホラを吹くのもうなずけるほど、棚には本と写真集がギッシリ陳列されていた。机の上にはタバコの吸い殻が山盛りになった灰皿とビールの空き缶、床には「風の旅人」「POPEYE」などの雑誌が乱雑に置かれていた。仕事用のカメラと編集機材に加えて、ターンテーブルとレコードまであり、まさにサブカルおじさんの巣といった趣だった。私は島倉さんとの共通の趣味であるヤクザ映画や、塚本晋也作品について熱く語り合ううちに、いつしか十歳も年の離れた彼を、親しみを込めて〝島倉〟と呼び捨てにするようになった。

富山の酒場を熟知する島倉には、数々のディープスポットへ連れて行ってもらった。島倉とのベロベロ酒場巡りは、コンちゃんとの探検ツアーと併せて、私のミニコミの大切な柱となった。

「富山ちゃ、な〜んもない」

外の人に向かって卑下する県民に、何もないと言えるほどここは風通しは良くないぞ、人も場所も割とエグイぞということを、私は毒のきいたユーモアで伝えたかった。それこそが、私がこの地に魅了される部分だったからだ。富山という街のいびつな実態を、文章だけでどこまで表現できるか挑戦しよう。そして周囲が私を〝普通じゃない〟と査定したがるのであれば、このミニコミを掲げて、みずから〝はみ出し者〟でいようと思った。

そうこうするうちに、ついにミニコミが出来上がる日が訪れた。

「『バカ一代』届いたよ〜!」

二〇一三年六月、高校の同級生である奥ちゃんからメールが入った。すぐに奥ちゃんとの待ち合わせ場所、総曲輪ビリヤードへ向かった。道中、田鶴子へ上納するケンタッキーを買い忘れたことに気づいたが、「今はそれどころじゃねえ！」と、はやる気持ちで店の扉を開けた。そして田鶴子と奥ちゃんが見守るなか、段ボール箱をバリバリッと開封した。

「なんじゃこりゃ……」

中には薄肌色をしたペラッペラの小冊子が百部入っていた。表紙には熊のぬいぐるみを抱えたモノクロ写真の切り抜きの田鶴子が、こわばった笑みをこちらに投げ掛けている。

「なに？　藤ちゃん、どうしたのよ？」

状況を飲み込めない本人を放置し、私と奥ちゃんは黙り込んだ。

母に背中を押され、持てるエネルギーのすべてを注ぎ込んだミニコミ『文芸逡巡　別冊郷土愛バカ一代！　ホタルイカ情念編』。紅白の舞台に立つような心持ちで、満を持して自費出版した私の処女作は、「岩波文庫のように末永く読んでもらえる名著にしたい！」という鼻息荒い理想をかすりもせず、複製された遠足のしおりにしか見えないという現実となって、私たちの元にやって来たのだった。

雑誌編集をかじってはいたものの、一冊まるまる本を作った経験のない私。そして映像制作者なのに、畑違いの紙の冊子をデザインしろと、無理難題をふっ掛けられた同級生の奥ちゃん。本作りの素人である私たちの汗と涙と「これでいいんやろか……」なる迷いの結晶が、ミニコミ『郷土愛バカ一代！』だった。案の定、最初の読者となった藤井家の反応は冷ややかだった。私は折れた心を修復できないまま、富山市中心部で催される本のイベント、BOOK DAY とやまの当日を迎えたのである。

あの日のことを思い出すと、「ミニコミが五十冊近く売れた」という感慨よりも、仏頂面のおじさんがまず私の脳裏に浮かぶ。ミニコミを手に取ってくれた最初のお客さんだ。その恰幅のいい中年男性は私の目の前で仁王立ちしたまま、クスリともせずにページをめくり、読み終えると買わずに去っていった。一気に血の気が引いた。

「これ百円で売ってるの⁉　赤字にしてどうすんのよ！」

次に浮かぶのは、初対面の私にいきなり怒りだした女性だ。値段を下げておけば、中身が悪くても文句は言われないだろう。そんな弱腰な姿勢を赤の他人に叱責されたことは、母に怒鳴られるよりずっと強烈だった。

本と人とが出会う喜びを呼び起こそうとしたこのイベントは、私にとって自分の化身であるミニコミが読まれる瞬間に立ち会い、正面切って恥をかけた最初の大舞台だった。自我が暴走しがちな私の中に、生身の読者の姿がチラチラ見えるようになったことは得難い経験だった。

2

ブックデイは、その後の富山のカルチャーシーンに重要な意味を持つこととなる。二〇一九年現在までに七回開催され、射水《いみず》市のひらすま書房や、滑川市の古本いるふといった、富山市以外の地域にも古本屋が誕生するきっかけを作ったのである。また私同様、富山から紙の制作物を発信しようとする人たちの受け皿にもなっていった。

イベント終了後、私のミニコミは引き続き総曲輪の古本ブックエンドで取り扱ってもらえることになった。本の価格は百円から三百円へしれっと値上げしたが、「地味に売れてる」と、後日、店主の石橋さんから聞いて小躍りした。「泥酔した中年男性が酔った勢いで買っていった」という続報には、その人がシラフになった状況を勝手に想像し、顔がニヤけた。富山の街なかカルチャーに、私の本が居座っていることがとても嬉しかった。

ブックデイに参加し、ミニコミがブックエンドに置かれるようになってから、私を取り巻く環境は大きく変わった。富山に棲息する本の虫たちが私のミニコミを手に取ってくれて、林ショップをはじめ長屋の人たちも面白がってくれた。石橋さんの計らいで東京の古本市に陳列してもらい、稀代のミニコミ愛好家、南陀楼綾繁《なんだろうあやしげ》さんも興味を示しているという噂が耳に入った。あまりものショボさに、私と奥ちゃんがガックリ肩を落とした『郷土愛バカ一代!』は、いろんな人たちを介して、ちょっとずつ、じわじわと、思いもしない形で外へと広がっていった。

その後、石橋さんや島倉、林さんたちと飲みに行くようになった私は、タガが外れたようにはしゃいだ。文学、映画、音楽に詳しい長屋のお客さんたちとの交流も新鮮だった。その中には、私がかつて東京で携わっていたプログレ雑誌の読者がいたり、塚本晋也の映画『鉄男』について、「あの高速陰茎ドリルの発想はすごい」と語り合える人がいたりした。私は痒い所に手が届くカルチャートークに興奮した。上京した当初、DVD情報誌の編集部に拾ってもらったときの喜びに近いものがあった。

東京にいた頃は、大都会の中で自分が何者なのかを模索するのに必死だったから、社会の輪郭は見えていなかった。子供でいられた、とも言える。でも富山ではそうはいかなかった。なぜか周囲は私を放っておいてくれず、親身になって横並びの共同体に招き入れようとした。女、未婚、子なしのうえ、若くもないのにまだ自分探しをしている。それらを兼ね備えた私は、富山では落ちこぼれ認定されるのだと知った。突然、社会が生々しく立ちふさがった気がした。

しかし長屋の人たちは誰も、結婚しているのかとか、子供はいるのかといった富山県民お決まりの質問をしてこなかった。彼らにしたら私が結婚していようがいまいが、そんなことはどうでもよかったのだと思う。それよりも私がどんな文章を書こうとしているのか、富山のどんな秘境を知っているのかに関心を寄せた。しかし、それは結婚で査定するよりも、「お前は何者なのか」「お前は面白い奴なのか」というもっとハードな試し方だった。私は「受けてたとうじゃねえか」と武者震いした。

彼らは、日常の中から偶発的に面白さを見つけ出すコンちゃんとは違い、意識的に富山という重箱の隅をつつき、マニアックな耳寄り情報を採集していた。

「ヤカンに日本酒を入れて出すモツ鍋屋がある」

「掘っ立て小屋のカレー屋が、新しい掘っ立て小屋に移転した」

彼らが提供してくれる細かい街ネタは私の琴線に触れまくった。

「ピストンと気が合いそうな人がいるよ」

「○○さんがピストンに会いたがってたよ」

さらに、それまでの私の人脈では辿り着かないであろう、富山のユニークな人たちまで次々と紹介してくれた。家族、同級生、薬局の仕事仲間の輪の中で回っていた私の富山的世界に、もうひとつ外側の世界が加わったことで、自分の活動範囲が一気に圏外へ広がっていった。

また、長屋に頻繁に出入りする人たちの中には、かつて東京でデザインやイベント、ファッション雑誌といった、華やかなクリエイティブ業界に身を置いていた人たちもいた。

以前の私だったら、「ケッ！ スカしやがって！」と条件反射的に身構えていただろうが、もはやそんな気持ちは湧いてこなかった。彼らは家業を継ぐために富山に戻ったり、結婚で移住してきたりと、それぞれに事情を抱えていた。

「東京と富山、両方の場所で仕事していきたい」

家業の建築会社を継ぐために帰郷した建築デザイナーの彼は、東京で培ったパイプを富山でも活かそうとしていた。

「富山だけの仕事をやっていると視野が狭くなる」

東京でデザイン会社に勤務した後、富山で独立したデザイナーの彼は、県外からのオファーを積極的に引き受けていた。

「私はよそ者だから、地元に受け入れてもらうのが先決」

結婚を機に富山に移住することになった、元ファッション誌の編集者である彼女は、東京の仕事を断り続け、独自に富山取材を重ねていた。彼らの中には、富山での暮らしが本意ではなかった人たちもいるだろう。だが、それぞれに、自分なりの理屈でここに留まろうとしている。かたや富山にずっといながら、興味のあるイベントがあれば、東京だろうが大阪だろうが足を運ぶ人もいた。

彼らの話を聞いているうちに、私は外から来る風を受け入れて、自分の新陳代謝を促そうとするのも、敢えてシャットアウトして自分の場所の密度を高めようとするのも、フットワーク軽くこちらから外へ出向くのも、全部正解だと思った。要はどれを選択するかだ。結局、場所がどこであれ、身のこなし方ひとつで、世界はいかようにも広がるのではないかと私は思い始めていた。

3

そんな折、子育てで多忙になったコンちゃんに代わる新たな〝チキチキ！　富山探検ツアー〟ガイドさんが現れた。居場《いば》梓さん、通称アコタンだった。私より三歳年上の彼女は私と同じく音楽雑誌の元編集者で、二十八歳で東京から帰郷し、以後十年以上にわたって、富山でフリーの編集者兼ライターとして活動していた。私は以前からパンチのきいた人だという噂は耳にしており、自分と似たような経歴を持つアコタンに興味をもっていた。

「どうも〜、初めまして〜！　ピストンさん、めっちゃ面白いって聞いてますよ〜！」

飲みの席で初めて対面したアコタンは、噂通りに明るくて調子のいい人だった。ペンネーム〝ピストン〟で呼び掛けてきたので、私がライターだということは事前に知っていたのだろう。しかし表向きは笑顔でも、牽制オーラが耳の裏あたりから漏れ出ているのを私は感じ取っていた。この人も八方美人のくせに人見知りなのだろうと思った。

私と彼女はガサツな笑い方や、オールドスクールなロックが好きといった趣味嗜好もよく似ていた。しかし、置かれている環境と性格は正反対だった。引きこもり体質の夢見る独女の私に対し、彼女は街ネタを足で稼ぐパワフル母ちゃんだった。

アコタンはサブカルに夢中になった思春期を経て、九〇年代末に東京の美術短大に進学。火の粉を撒き散らしながら金属アートの創作に励みつつ、武蔵小山のピンサロから拝借した、〝お♡ひ♡め〟という名のガールズバンドを結成した。ベース兼ボーカルとしてダミ声を轟かせ、ステージ上で客を煽りまくっていたそうだ。同期のバンドには氣志團もいたという。いまだにカラオケに行くと、「イーヤーサーサー！」と沖縄式の合いの手を入れ、「よっ！　社長ぉお！」と場を盛り上げずにはいられないのは昔取った杵柄なのだろう。お♡ひ♡めはインディーズシーンで評判となり、デビュー目前までこぎつけたという。

「でもプロデューサーとソリが合わんくて、デビューせんかった。惜しいことしたわ」

デビューは果たせなかったが、このときできたツテで、アコタンは邦楽雑誌の編集者になり、その後、アウトロー雑誌やエロ雑誌などの編集部を渡り歩いた。

「基本的にはな〜んも考えてなかった。上京したのも編集者になったのも、たまたまそうなっただけ。ピストンみたいに映画監督になりたいとか、そういう志は全然なかった」

アコタンはそう自嘲気味に話すが、氣志團と同期という経歴を持つ人なんて滅多にいない。同じ頃、東京の片隅でぐるぐる堂々巡りをしていた私からすれば、群雄割拠の音楽業界をサバイブしていた彼女は既に何者かになっていた人だった。

八年間の東京生活ののち、アコタンは富山に帰郷する。例外なく、彼女にも保守的なムラ社会が待ち受けていたが、ここでも爆発的な行動力で周囲の偏見を蹴散らし、結果を出していく。地元誌の編集から、広告のキャッチコピーの作成、医療系サイトの執筆までオールマイティに仕事をこなした。ワンボックスカーを駆って海へ山へと取材に奔走しながら、毎朝、中学生の長男の弁当を作り、次男坊の小学校の行事にも顔を出し、末っ子が熱を出せば小児科へ突撃。三兄弟が寝静まった後に取材記事を仕上げ、その合間に仕事仲間と「酒じゃ酒じゃ〜!」と豪快に飲み食いする。夫のバックアップがあるとはいえ、この人は一体いつ寝ているのだろう。フリーランスの働くママはなんて大変なんだ。私の安っぽい同情に、彼女はハッキリした口調で返した。

「自分のやりたいことをやりたいだけ。子供を言い訳にはしたくはない。昨日もうちの子の小学校のバザーに行ってきたんだけど、掘り出しもんたくさん見つけてしもた!」

そう言って、私にバザーの戦利品である小汚いダルマの置物をくれた。アコタンは全力で仕事をまっとうし、がむしゃらに日々を楽しんでいた。そして精力ギンギンの彼女はよく、出不精の私の首根っこをつかまえて、強引に外に引っ張り出した。

「ピストン、はよ起きて！ 今から動物園に行って、猿のパネルに顔、はめてくるよ！」

「ピストン、はよ起きて！ 富山弁をモチーフにしたヤバいパフェがあるらしいから、今から氷見《ひみ》に取材しに行くよ！」

アコたんは富山のユニークさを仲間うちでクスクス笑って済ませるのではなく、世に発信し、残そうとする気骨があった。

高校時代から地元を遊び場にしていた彼女は、街の変化にも敏感だった。地域の人に長らく愛されてきた場所や、再開発でなくなろうとしている小さな個人店など、自分が知っているすべての情報を私に教えようとした。富山が本来持っている魅力を一緒に伝えていこうと訴え、そして「ピストン、書いて！」と私にハッパをかけた。

彼女は旧大和と同じく、富山大空襲で焼け残った数少ない建築物である富山電気ビルディング（一九三六年開業）への思い入れも深かった。電気ビルはかつてホテル、レストラン、能舞台を併設し、昭和天皇も宿泊されたという由緒正しい文化施設だった。今はホテルではなく貸室となっているが、披露宴などに使われる大広間、レストラン、地下のビアホールなどは営業を継続している。〝埠頭に浮かぶ軍艦〟と称された厳かな外観や、石造りの階段、漆喰《しっくい》の天井、真鍮《しんちゅう》の郵便ポストなども当時のままで、有形文化財として登録されている。

「古いもんはもう真似できん。壁を補修しようとしても、石がない、左官屋がいないってなる。材料も技術も当時のものはもうない。でも電気ビルはまだ継承されていて、レストランも昔ながらのメニューがそのまま残ってる。あそこでオムライスを食べることが、私には特別なことなん。壊すのは簡単だけど、もう二度と作れんものがあるんやって!」

思わずニヤリとしてしまうスポット情報を私にリークしつつ、アコタンもまた、平たくなる富山の街並みに危機感を抱いていた。

「個人的には、新しい富山にそれほど興味はない。だってそれは模倣でしかないから。もっと地場のソウルを感じたいんよ!」

富山の街ネタの取材を数多く重ねてきたアコタンだからこそ、その言葉には信ぴょう性があった。

やがて彼女は、〝富山の日常を旅する〟というコンセプトを掲げたガイド本『スピニー』を自費出版する。電気ビルを特集記事に掲げた記念すべき第一号は、第五回BOOK DAYとやまで発売され、私の『郷土愛バカ一代!3』の三倍近い売り上げを達成することになる。富山で初めてできた同年代のライター仲間は、私の強力なライバルにもなった。

4

他にも私は、肝が据わった同年代の友人と出会った。山内晃一くんと、佐藤サチさん、通称ちごんさんだ。

私と同い歳の山内くんは、イベント会社に勤めるかたわら、DJやミュージシャンとして活躍し、二〇〇三年から定期開催されている音楽イベント、LOVEBUZZ（ラブバズ）の中心人物でもあった。そして音楽レーベル、TOKEI RECORDSを立ち上げ、北陸発の音源をジャンルレスにリリースしていた。山内くんは富山能楽堂や若鶴酒造の酒蔵といった特殊な空間でのイベントも積極的に開催し、東京の音楽業界からも一目置かれていた。山内くんの存在を初めて知ったとき、私は富山の同世代に広い視野を持った送り手がいたことに感激し、そのフットワークの軽さに憧れた。

「レーベルを立ち上げたんは自分の作品をCDに残して、世の中に流通させたかったからなんね。ラブバズを企画したのも、仲間と一緒に楽しめる場所が富山になかったから、自分らで作ろうと思っただけなんよ。でもそうやって自然発生的にできた場所のほうが、行政主導のものより成熟していくと思う」

ミスチルの桜井さん似の山内くんは、不二越の会長が言う「閉鎖的な県民性」の富山県民のイメージとは真逆をいく、気さくなナイスガイだった。実家が農家なので、田植えシーズンには耕運機を駆って田んぼを何往復もし、その合間にイベントのフライヤーの入稿をスマホで済ませて、本業と音楽活動と家業の手伝いをスマートにこなす。ラブバズというチームはあっても、徒党を組むことはなくフリースタイル。自分が楽しむためと言いながら、富山のミュージシャンたちの発信拠点をいくつも作り上げていた。

「ジャンルが細分化して対立していくより、いろんなもんあったほうが楽しくないけ？」

表現者であると同時に、媒介者であろうとするフラットなスタンスの山内くんは、富山にはあまりいないタイプだった。

そんな彼と活動をともにしているのがちごんさんだ。私より一歳上のＤＪである彼女は、ラブバズを拠点に、富山のクラブシーンで精力的に活動していた。真っ赤な口紅の似合うクールビューティーで、垢抜けたオシャレ界隈の住人である彼女は、知り合った当初、まるで話が合わない存在に思えた。しかしそれは、私が一方的にレッテルを貼っていただけだと程なくしてわかった。

「私さ、二十歳のときに、目録の海外旅行ほしさにミスコンに出て選ばれたんよね。そのミスコン、なんだと思う？」

「えっ、なんだろう」

「〝ミス立山称名滝〟なんやけど……」

「ぶーっ！」

称名滝は、落差日本一を誇る滝だ。ミスコンに微塵も興味を持たなそうなタイプのちごんさんが、ツンと澄ました顔で告白した過去の勲章に、私は思わず噴き出した。二十歳のちごんさんは、地元の除幕式に駆り出され、偉いおじさんたちの横でテープカットのお手伝いをしていたという。

「よっ！　落差日本一美人！」

「これからDJやるとき、そのキャッチコピー使おうかな」

ちごんさんはユーモアのある、チャーミングな人だった。そしてクールどころか、音楽愛をグッグッに煮えたぎらせた熱い女でもあった。アコタン同様、ちごんさんも、高校時代から古着屋や中古レコード屋に通い、街なかにたむろしていたそうだ。高校を卒業すると、地元の電子機器メーカーに就職。平日は実直に働き、イベントがある週末は朝までレコードを回す。そんな生活を十五年以上続けている。

「昔は会社帰りに古着屋に寄って、そこに居合わせた友達と一緒にクラブに行ったりしとったんね。でもそういう友達が結婚すると、昼間からバーベキューとか、子供のサッカー教室に夢中になっていくんよ。それが悪いとは言わんけど、なんでみんな一斉に音楽に興味なくなっていくん？　とは思う。バンドやってた子らだって、やめずに続ければ良かったんに」

私が三十歳手前で初めて突き付けられた富山の〝普通〟に、ちごんさんは長い間晒され続けていた。結婚しているか否か。子供のありなし。女らしいか否か。そういう物差しで測ろうとする人たちに、ちごんさんは腐ることなく、「は？　なんで？」と疑問を投げ返した。それも口だけではなく、生き方で抵抗を示し続けていた。

「DJやってる女の子の中には、悪目立ちするからやめろって彼氏に言われとる子もおったよ。その彼氏だってDJやってるくせにね。だからそういう子らを集めて、一緒に女子だけのDJイベントとかしとったん。男は結婚しても休日にフットサルとかできるけど、女は我慢しとるパターンが多い。なんで？って思う。『そろそろDJ卒業したら』とかも言われるけど、卒業の意味がわからない。なんで好きなことを、他人に言われてやめんといけんが？ちゃんと仕事もしてるのに」

ちごんさんの言葉は、私の心の声を代弁してくれているかのようだった。だが私と彼女には決定的な違いがあった。「書きたい！作りたい！」という衝動的な欲求がメインの私に対し、ちごんさんと山内くんは音楽活動を淡々と続けていくことが根幹にあった。

「刹那的なものが私は嫌なん」

そう言うちごんさんと山内くんにとって、音楽とは、青春のくすぶりを昇華するためではなく、ずっとこれからも自分たちの生活とともにある。彼らはそんな、音のある居場所をみずから作ったのだ。そしてその環境を維持していけるよう、ひとまわり以上も下の世代と一緒にイベントを企画し、後進の活動をバックアップしていた。

「ラブバズは自分が特別なんだって思える場所。DJをやることで、しがらみや境界線が壊れていく。そういう感覚を若い女の子にも知ってほしいがね。新しくDJやる子には私の背中を見ろって言いたいし、ビシバシ教えてあげたい。『あぶない刑事《デカ》』で言ったら私は木の実ナナだから」

ちごんさんはカッコイイ姉御だった。さすが元〝ミス立山称名滝〟。この地が生き辛いのなら自分で風穴を開ければいい。富山で暮らす先輩たちは、頭でっかちになりがちな私に「実践すべし」と身をもって伝授してくれた。

気がつけば私は、東京というバカでかい大都会にいた頃よりもずっと、外の世界に繰り出すようになっていた。そしてやがて、富山で生きる同世代の人々に対峙し、共感し、時には反発するような摩擦を繰り返すうちに、あやふやだった自分自身の在り方が見えるようになっていく。

5

DOBU6という酒場は、ブックエンドの長屋のはす向かいにある。田鶴子の総曲輪ビリヤードと同じく、ひとりでいたいけれど、ひとりぼっちになりたくないときに、私が立ち寄る店だ。ここはマスターの土肥明さん（アキラさん）や常連客が持ち込んだ、膨大な数のCDが陳列されている。ブルース、スワンプロック、サザンロックといったルーツミュージックをはじめ、細野晴臣、大瀧詠一といった、私の大好きなアーティストの音楽が常に流れている。

店が混雑する週末を避けて週のあたまに顔を出すと、誰かしら常連客の音楽マニアがしっぽり飲んでいる。私は彼らとカウンターで一緒にわいわい飲む日もあれば、特に誰かに喋りかけることもなく、音楽を聴きながらひとりでハイボールを飲む日もあった。アキラさんは私たちを見守りながら、適度に放っておいてくれる。アキラさん自身も呑兵衛なので、私たちが欲している程よい距離感がわかるのだろう。

「武士道みたいに、酒道っていう思想が昔からあるらしいんやけど、文献が残ってないが。なんでかって言ったら、書く前に酒飲んでみんな忘れてしまうから」

「いい塩梅にポンコツなエピソードですねえ」

「ほんと酒飲みはろくでもないなあ」

私は常連客とアキラさんとの他愛もないやりとりに笑い、日々の疲れを癒した。アキラさんの料理は相当レベルが高い。魚の目利きは鋭いし、富山名物の渦巻かまぼこが一本まるまる入ったおでんは出汁が染みているし、サメの心臓の刺身、ブロッコリーの天ぷらなど、ユニークなメニューも多い。でも私はいつもほどほどにしか頼まない。利き酒師でもあるアキラさんが厳選した数種類の日本酒と、それに合う昆布締めやガリが二、三品あればひとりには十分だ。この店で酒と肴をチビチビやりながら、音楽をずっと聴いていられる時間が至福なのだ。ただ、おでんの汁をスープに使ったという新メニュー、夜鳴きラーメン（三百円）が登場したときばかりは、次こそ腹をすかして食べにこようと誓った。しかしいざその〝次〟が来ると、カウンターの柱に掲げられた〝夜鳴きラーメン〟の短冊の下に〝限定三名〟の文字が加わっていた。

「アキラさん、ラーメンが限定三名って少なすぎませんか⁉」

「あ、気づいたけ？ だってこの間、いきなりサラリーマンの団体さんたちに一気にラーメン頼まれてしまったが。そんなたくさん作れんちゃよ〜。俺、ラーメン屋じゃないし。アハハハ」

客だけでなく店主も「ほどほどに」を信条とするのがDOBU6なのだ。

「今かかってる曲、誰ですか？」

「えっとね、ランディ・ニューマンかな」

「うわ〜！ やっぱ最高っすねぇ」

そんな会話を交わした翌週、

「今かかってる曲、誰ですか？」

「えっとね、ランディ・ニューマンかな」

私が同じ質問を繰り返しても、アキラさんは呆れることなく通常運行で対応してくれる。

「酒飲みたちが傷を舐め合うような、どーしようもない吹き溜まりが一軒ぐらいあってもよくないけ？ この店をそういう場所にしたかったたん」

私は、肩肘張らずに酒と音楽のゆるい繋がりでここに長居できていることが嬉しかった。

「藤井さん、『郷土愛バカ一代！』が売り切れました！　早く補充しないと商機を逃します！」

「かしこまりましたあ！」

石橋さんから連絡が入るたび、私はミニコミを積んで街なかへ軽四を走らせた。私にとってブックエンドは、自分の本を世の中に届ける唯一のプラットフォームであり、課外活動を行う際のアジトのようなものになりつつあった。それに伴い、私はブックエンドから歩いて三分のミニシアター、フォルツァ総曲輪（フォルツァ）にも通うようになった。フォルツァで映画を見て、ブックエンドで古本を物色し、田鶴子にケンタッキーを献上してから、DOBU6をはじめ西別院周辺の裏酒場をハシゴする。次第にそんな濃密なルーティンが私の中で出来上がっていった。ブックデイで初めてミニコミを出してから、新世代のカルチャースポットと、生けるレジェンドがどっしりと構える砦、そして、自分にとってのシェルターが乱立する街に、私はどんどんハマっていったのだった。

第7章

ワイルドサイドをゆくブルースシンガー、W・C・カラス

1

ミニコミをきっかけに、総曲輪の裏通りカルチャーに触れたことは、私にとってめざましい進展だった。しかし自分オンリーの世界が開かれていくいっぽうで、出会いのスピードに戸惑いを覚えたのも事実だ。

富山という地方都市では、いったんコミュニティの中に入れば、人と関係性を築くまでのスピードが驚くほど速い。「えっと、あ、あのっ」と躊躇している間に、次から次へ、どんぶらこっこと人が流れてきて、あっという間に知人の輪が広がってしまう。そしてその過程があまりにもスムーズなので、よく知りもしない相手のことをわかっているような錯覚に陥ってしまう。富山のカルチャーに触れながら、その中で自分がどのような振る舞

いをすればいいのか、私にはなかなか摑めずにいた。

そんな折、富山で表現し続けることの厳しさを私に教えてくれる人物が現れる。ジャッキー・チェン、市川雷蔵、塚本晋也が、二十代までの私の人格形成に大きな影響を与えた人であるならば、富山で暮らす三十代以降の自分に大きな影響を与えた存在は、間違いなくこの人になるのだと思う。


W・C・カラスという名のミュージシャンを知ったのは、ブックデイの打ち上げで島倉たちと訪れた二次会の店だった。ロックバー、ワイルドサイドは、ガラス美術館と図書館を併設したTOYAMAキラリの裏手、太田口《おおたぐち》通りにあった。かつて太田口通りは飛驒街道という名で呼ばれ、富山のブリや塩を岐阜の高山へ運ぶ物流の重要な起点だった。周辺には日枝神社（山王《さんのう》さん）があり、毎年五月末から六月あたまに行われる山王祭では、どこから湧いて出てきたんだと言いたくなるほどの人で溢れ返る。しかし普段は静かな通りで、夜になると、よりひっそりする。ブックエンドのある西別院周辺から少し外れただけなのに、それまで私は歩いたことのないエリアだった。

「WILD SIDE」と記された看板が、闇の中でボーッと明かりを放っている。その看板の文字が、マジックの手書きだと気づくのは二年後の話だ。

「ケッケッケー！」

島倉の後に続いて店内に入ると、いきなり妖怪のごとき奇声が耳に飛び込んできた。スナックの居抜き物件らしき店内には、カウンターとボックス席、そして小さなステージが設けられていた。その床で、ひとりの女性がバカ笑いしながら転がっていた。

「島倉のせいでまたしても異界に紛れ込んでしまった……」

恐怖におののきながら、ボックス席でチビチビと酒を飲み始めた私は、背後から聴こえてきた歌声に、猫が逆毛立つように背筋がピーン！となった。すぐに後ろを振り向くと、カウンターの隅に置いてあるブラウン管のテレビデオに、ひとりの男性がギター片手に歌っている姿が映し出されていた。

「軍手の煮びたし　軍手の煮びたし
汗と油で煮含められた
油と泥で煮含められた
雨と汗で煮含められた
軍手の煮びたし　軍手の煮びたし
ゴム手の粕漬け　ゴム手の粕漬け

嗅がせてやりてぇ　俺のゴム手
爪の間には　どす黒いかたまり
その手でお前を　お前をまさぐる」

「軍手の煮びたし」（作詞・作曲　W・C・カラス）

「誰ですかこの人⁉」

私は思わず叫んだ。

「カラスだよ！　W・C・カラス！　めっちゃいいやろ！」

さっきまで床に転がっていた女性が即答した。その人はこの店のママ、通称ぶんちゃんだった。私は呂律が回らなくなった島倉のトークをそっちのけに、傾いたテレビデオの画質の悪いライブ映像に釘付けになった。てらいのない、ふくよかな歌声が私の脳内で響きまくり、その夜は興奮して寝つけなかった。

私は翌日すぐにカラスさんのアルバムを買いに、ふたたびワイルドサイドを訪れた。私が「カラスさんの歌声に惚れちまいました！」と伝えると、ぶんちゃんはとても喜び、カウンターから身を乗り出して、私にカラスさんの話をしてくれた。

ぶんちゃんによると、カラスさんは自主制作でリリースした一枚目のアルバムが評判になり、四十八歳にして東京のインディーズレーベル、Pヴァイン・レコードから本格的にデビューを果たしたばかりだという。高岡市在住で、木こりをしながら三十年以上にわたって音楽活動をしているブルースシンガーということだった。

ワイルドサイドは駆け出しの若手からベテランまで、県内外のミュージシャンのライブを毎週のように企画していた。富山の夜に、こんなにも音楽熱の高い場所があったなんて全然知らなかった。カラスさんもここで頻繁にライブをしているらしく、私はなんとしてでもカラスさんの生歌を聴きたいと思った。それから三カ月後、待望の機会は訪れた。

初めて目の当たりにした生のカラスさんは、思っていたよりも小柄な人だなという印象だった。画面越しに見ていたカラスさんは、圧倒的な存在感を放っていたせいか、とても大きく見えたのだ。

「いや〜、どうもどうも」

ワイルドサイドの常連客と挨拶をかわす姿は、気さくなオッチャンという風情だった。演奏する前から酒を飲み始め、客とダラダラ談笑している。

「いつ始まるんだろう……」

私が所在なくカウンターの端っこに座っていると、「じゃあ、そろそろやりますか」とカラスさんがステージに立った。

「あ〜」

音合わせのために一声、発した途端、店内の空気がカラスさんの音色に染まっていくのがわかった。それは強引にガラリと一変させる感じではなく、客同士の喋り声や笑い声に、カラスさんの歌声がじんわりとかぶさっていくみたいだった。カラスさんにとっては準備運動だったのかもしれないが、その浸透圧の高さに私の心は震えまくった。

「なんなんだこの人は！　こんなスゴイ人が富山にいるなんて！」

私はカラスさんのパフォーマンスに圧倒されていた。たしかその日のライブはカラスさんが前座的役回りだったはずだが、メインのミュージシャンを思い出せない。「人生に救いはねえ」「軍手の煮びたし」「せんたく物ブルース」といったカラスさんの曲は、惣菜の天ぷらが売れ残っていただの、洗濯物が全然乾かないだの、スーパーで半額シールが貼られるのを待つだのという、生活のしょっぱさを綴る歌詞ばかりだった。かと言って、日常の悲哀を苦み走った顔つきで歌うというわけでもなかった。歌声が心の深部にまで染みこむのに、曲自体はポップで飄々としていた。きっとカラスさん自身がそういう人なんだろう。この人は、どこか冷めている部分を持っている人なんだろうと思った。私はどうしてもカラスさんとお近づきになりたくて、ステージを終えて酒をガッツリ飲み始めたカラスさんに駆け寄った。

「最高でした！　ぜひビールを奢らせて下さい！」

するとイイ感じに酔いが回っていたカラスさんは、猛烈に魂を揺さぶられている私に向かって言い放った。

「あん？　俺は俺のペースで酒を飲みたいんだよ！」

頬を上気させた私に、カラスさんは、「気安く話し掛けてくんじゃねぇ！」と言わんばかりに冷や水を浴びせたのだった。これが私の心の師匠、カラスさんと初めて交わした会話だった。

2

二〇一三年、カラスさんは、四十八歳で全国デビューを果たした。ファーストアルバムは国内唯一のブルース専門誌「ブルース＆ソウル・レコーズ」の年間ベストアルバムに選ばれ、大きな話題を呼んだ。ブルースの垣根を越えるポップな音楽性のみならず、富山で木こりという肉体労働に従事しながら音楽活動を続けるという、カラスさんの生き方自体も注目を集め、全国紙でも紹介された。

その頃の私はというと、カラスさんの百万分の一くらいのスケールながら、「珍スポットライター ピストン藤井」として地元メディアに顔を出すようになった。〝富山地方鉄道〟と刻印された黄色のヘルメットを被り、父の汗が染み込んだ水色の作業服を着て、ローカルバラエティ番組のゲスト枠をゲットした。

私はディレクターに言われるがまま、ウーパールーパーの養殖場のロケでウーパールーパーの素揚げを頬張ったり、富山市婦中町《ふちゅうまち》の鵜坂《うさか》神社でかつて行われていた伝説の奇祭、尻打祭《しりうち》(平安～明治初期まで行われていた、女の不貞を戒めるために尻を打つ祭)を再現すべく、神社で自分の尻を突き出したりした。実家のご近所さんや酒場のみなさんから、「あんたちゃ、楽しい人やねぇ!」と声を掛けられ、「へへへ」と素直に喜ぶ反面、視聴者からツイッターで、「ピストン藤井っていうババアがクソスベってる」とディスられ、枕を濡らした夜もあった。〝ババア〟と言われたことよりも、〝スベってる〟のほうに〝クソ〟の形容詞が付いたことに、「これは、よっぽどスベってるんだろうな」とヘコんだ。しかし兄からは、「お前が自分でそういうキャラ設定にしたんやろが」と指摘され、自業自得だなと思った。

私は孤高に我が道を行くわけでもなく、かといってメディアの人が期待する〝ゆかいな素人のおばさん〟へと振り切ることもできずにいた。微妙過ぎる立ち位置に不安を覚えていた私の前に颯爽と現れたのが、カラスさんだった。地方で愚直に音楽を続け、五十歳近くで花開いたカラスさんに、私は尊敬の念を抱いた。表現活動に場所や年齢の制限はないのだと、カラスさんは私に教えてくれたのだった。

ライブに通い詰め、次第にカラスさんと酒を酌み交わす仲になった私は、ある夜、思い切って質問した。

「若い頃に上京しようとは思わなかったんですか?」

どうしてカラスさんは富山在住のままなのかが、私は不思議でならなかった。ミュージシャンとして飛躍するには、音楽業界にリーチしやすい東京に出るのが当然だと、私はまだ心のどこかで思っていたからだ。するとカラスさんから、予想外の答えが返ってきた。

「いやぁ、私、パニック障害だったんで、東京に行こうにも行けなかったんですよ」

大いに歌って、ガハハと笑う。安い日本酒をガブ飲みしては、二十分おきにオシッコがしたくなる。へベレケになって、そこらへんに転がってグースカ寝てしまう。しまいには大事なドブロギターを電車に忘れてしまう。そんな豪快で愛嬌溢れるカラスさんが、精神的な病気を抱えていたなんて、まったく想像がつかなかった。

カラスさんはお父さんの影響で、幼少期から、力士が土俵上で披露する相撲甚句《じんく》や浪曲といった、日本の伝統的な歌を聴いて育った。中学校ではバンドを組み、ロックから歌謡曲までジャンルレスな音楽漬けの日々を過ごした。がむしゃらにローリング・ストーンズの曲をギターでかき鳴らしつつも、鏡を見つめては「自分とはどういう存在なのか」と考え込み、恐怖を感じる繊細な少年でもあった。

そんなある日、楽しいはずの遊園地に友達と出掛けたことで、カラス少年の人生が一変してしまう。鏡張りの回転遊具に乗って以来、学校の授業中だろうが電車の中だろうが、床が持ち上がってくる感覚に襲われるようになる。いまで言うパニック障害だった。

「自分の頭がおかしくなったんじゃないかと、不安でたまらなかったですよ」

それからというもの、カラスさんは恐怖と隣り合わせの毎日を送ることになる。だがギターを弾いているときだけ、その恐怖を忘れることができた。カラスさんにとって音楽は生き甲斐ではなく、生きる術そのものだったのだ。

「みんないつかは死ぬのが当たり前だって当然のように受け入れてるけど、俺は怖くて仕方がないんですよ。なんで死ぬんだろうって」

高校生の頃は「自分は二十歳まで生きていられるのだろうか」と思い悩み、二十歳を過ぎれば「二十五歳までもつのだろうか」と不安に駆られた。カラスさんはそんなギリギリの自問自答を五十年近く繰り返し、なんとか生きてきた人だった。発作の恐怖から電車にも乗れず、東京に行く選択肢もおのずと消えた。

しかし苦しみもがきながら二十歳になったカラス青年は、ブルースの大御所、ジョン・リー・フッカーの来日公演を富山で目撃する。動物的なパフォーマンスに度肝を抜かれ、

「この人と肩を並べるミュージシャンになる!」と決意したという。

「東京に行くことはできなかったけど、向こうから俺のことを発掘しに来いよ、と昔からずっと思ってました。今でもそう思ってます。まぁ、バカなんでしょうねぇ。あと、年とったら余計に頭が悪くなったのか鈍感になったのか、発作は起きなくなりました」

ホンモノだけを信じて地道に富山で音楽を続けてきたことが、海千山千が集う東京で惑わされるよりも良かったのかもしれない。そう話すカラスさんの言葉を聞きながら、おこがましくも私とカラスさんに共通項があるとするなら、そのバカさ加減かもしれないと思った。私もいつの日か、ジャッキー・チェンや塚本晋也と一緒に仕事ができるという夢想を、やめられないでいるからだ。


カラスさんはライブ活動に励むかたわら、生活のためにさまざまな肉体労働をこなした。二十代前半に結婚し、三人の子宝にも恵まれた。林業に従事したのは三十代後半からだ。四十代に入ってからは離婚も経験し、シングルファーザーとして三人の子供を育て上げた。しかもパニック障害を抱えていたのだから、並大抵の苦労ではなかっただろう。

「ふらふらよろめき　つまずいてばかり

ただ歩くだけ　それだけが
俺の宿題だと　生きてきたが
いつまでたっても　うまく歩けない
今日も何とか切り抜けられた

「今日も何とか切り抜けられた」（作詞・作曲　W・C・カラス）

屈託のない笑顔を見せながら歌うカラスさんのご機嫌ソングに、どれだけの絶望が鳴り響いていたのだろうか。

「いやぁ、あの曲はレコーディングの三日前に、本当になんとかして切り抜けられた曲だったんです！　ワハハ！」

想像もしていなかったカラスさんの半生を聞き、後ろめたくなっている私を、カラスさんは笑い飛ばした。

「ブルースって苦虫嚙みつぶして歌うイメージがあるかもしんないけど、曲自体は底抜けに明るくてポップですよ。人は泣きたいときほど笑うもんです。影があるから光がある」

富山にいようが東京に出ようが、いかに不確かな希望で己を鼓舞し続けられるか。「見切り発車でやる度胸が必要ですよ」と話すカラスさんのタフな生き様に触れ、私はこの人と出会うために富山に帰ってきたのだろうとさえ思った。東京でも見つからなかった追いかけるべき存在が、思いがけず富山で見つかった。

3

カラスさんは、全国どこへでも、お呼びが掛かればギター一本で駆けつける。主催者との連絡をひとりでこなし、みずから軽四をぶっ飛ばしてステージに立ち、富山に帰ってきたら木こりの仕事で山へ入る。初めて訪れた地方で、わずか数人の客を相手に歌わねばならない場合もあった。地元富山でのライブでは、酔っぱらった客が野次を飛ばす、ステージに乱入するなんてこともしょっちゅうだった。

「うちのアニキの邪魔すんじゃねえぞ、ごらぁ！」

私はそのたびに、舎弟の心持ちで、我が丸い拳を握りしめた。客だけじゃない。「あの店でやるなら、うちではやらせない」といったライブハウス同士のいがみ合いに巻き込まれ、思うように集客が伸びない日もあった。こういう事態に直面すると、私自身も、富山という土地で発信することに対して気持ちが揺らいだ。カラスさんは富山なんかにいるべき人じゃない。拠点を東京に移して、ちゃんとしたプロモーターや、ツアーのスケジュールを管理するマネージャーをバックにつけたほうがいい。しかしその仕掛けを作るには、私はあまりにも非力だった。そんな歯痒さが募ったある日、私はカラスさんに怒られるのを承知で、「あまり自分を安売りしない方がいいのではないか」と物申した。何様だこの野郎的な私の提言に、カラスさんは、「その土地土地でライブをやるのが自分の本分だ」と、怒りもせずに淡々と答えた。

「地元で音楽なんてもんをやってると、お前いい歳して何やってんだって言われますよ。でも俺からしたら、なんでサラリーマンやってる奴は自分を疑わないんだって思いますよ。何も疑問を抱かねえのかって。俺は常に自分を疑ってるし、社会を疑ってますよ。疑わない奴にブルースは歌えない」

カラスさんは、迷いを捨てずに流浪する歌い手だ。その歌に魅了されればされるほど、カラスさんの素晴らしさを世に訴える発信力が自分にないことが、悔しくてたまらなかった。せめて富山の人たちには、カラスさんの歌をちゃんと聴いてもらいたいと思った。

カラスさんのファンを公言する地元メディア関係者から、カラスさんのライブを一緒に企画しようと連絡が来たのは、二〇一六年の初夏だった。「やっとこの機会が回って来た!」と私は奮起し、是が非でもイベントを成功させたいと思った。

イベントの趣旨は、カラスさんを知らない人たちに、カラスさんの歌を聴いてもらうことだった。そのためには間口の広いパブリックな施設で、もちろん音響設備は整っていて、イス席も立ち見も確保できる広いホールが必要だった。それらの条件に見事にはまったのが、バリアフリーが行き届いたミニシアターであり、多目的ホールでもある、フォルツァ総曲輪だった。「街なかに賑わいを創出する」という富山市が掲げた再開発プロジェクトの一環で誕生し、富山市の第三セクター、まちづくりとやまが運営を手掛けていた。

フォルツァを押さえた後はプロモーションだった。実行委員会のメンバーの八面六臂《はちめんろっぴ》の活躍のおかげで、メディアへ積極的にアプローチできた。

「地元のアーティストをバックアップすることは、地元メディアと第三セクターの当然の義務なんやぞ!」

たしかな手応えを感じていた私は、誰に言うでもなく、心の中で誇らしげに叫んだ。

「うどん屋で泣いた　うどん屋で泣いた
なんだかわからねぇけど　ボロボロ泣いた

悲しくはないんだ　寂しいわけじゃない
ただうどんが美味くて　ボロボロ泣いた

「うどん屋で泣いた」（作詞・作曲　W・C・カラス）

メンフィス調のソウルフルな曲「うどん屋で泣いた」のコール＆レスポンスが、フォルツァの会場中に鳴り響く。

「キツネじゃないんだ！　たぬきでもない！　ましてやカレーじゃねぇぇぇ！　素うどんで泣いたあああああ！」

定員を軽く超えた観客の熱気に包まれたホールで、私はみんなと一緒に歌詞を吠えまくった。二〇一六年九月、フォルツァ総曲輪で行われたW・C・カラス、富山初の単独ホール公演は大成功を収めた。県内だけでなく、東京、埼玉、奈良、福岡からもお客さんが駆け付け、チケットはソールドアウトした。私は馴染みの地元ホールでライブを開催できた充実感に満たされ、色気がダダ漏れするステージ上のカラスさんに向かって、「兄貴ぃい！　クソかっこいいいっす！」と黄色い声を張り上げた。満杯の客で埋め尽くされたホールを見渡し、破顔して歌うカラスさんの姿に、この人は本当にステージがよく似合うなと、感極まった。そしてまたここで、カラスさんのパワフルなパフォーマンスを見たいと願った。しかし、それは叶わないことも私は知っていた。

「フォルツァで見るカラスさんは最初で最後になるのか」

そう思ったら、うどんを食べてもないのに泣けてきた。熱気に包まれているこのフォルツァ総曲輪は、約三週間後の二〇一六年九月いっぱいをもって休館することが決まっていた。富山のはみ出し者たちを受け入れてきたみんなのフォルツァが、シネコンの進出によってもうすぐ奪われようとしていた。表向きはビルの老朽化のため、いったんメンテナンスをするという一時的な休館だったが、今後、復活するかどうかは限りなく未定だった。

「お前らは何も疑わねえのか?」

私は目の前のカラスさんに、そう問われているような気がした。

第8章

拝啓、フォルツァ総曲輪様

1

小さい頃から映画が好きだった。と言っても、幼少時代の私にとっての映画とは、雑にカットされたテレビ放映用の日本語吹替え版だった。

金曜夜九時の日本テレビ系「金曜ロードショー」と、土曜夜九時のフジテレビ系「ゴールデン洋画劇場」は、漫画家の富永一朗先生がオッパイを描きまくる、日曜昼の中京テレビ制作「お笑いマンガ道場」とともに、週末を彩るゴールデン番組だった。『バック・トゥ・ザ・フューチャー』『インディ・ジョーンズ』『プロジェクトA』などは、今でも色褪せずに日本語吹き替え版で脳内再生される。当時、母は自宅と同じ町内の薬局で、父は車で三十分ほどの立山の麓で工場を営んでいた。つまり両親とも自営業だったため、映画館にはほとんど連れて行ってもらえなかったのだ。七歳上の中学生の兄も塾に通っていたため、八歳の私は学校から帰ると居間でひとり、兄に録画してもらった『スパルタンX』のビデオを毎日毎日、映像にノイズが走るほど見ていた。

「バルセロナの広場でスケボーに乗ったジャッキー・チェンがもうすぐこける……こけたー！」

「サモ・ハン・キンポーの三段腹が……揺れたー！」

塾から帰ってきた兄は、次の展開がわかりきっていても、飽きもせずにドタバタ笑い転げる妹を見て、「お前、いい加減にしれよ……」と、呆れていた。耳かきやら新聞やら煎餅やらが散乱する我が家の八畳間が、私にとっての映画館だった。

しかし西町、総曲輪が地元の街っ子たちは、ウィズシネマ、グランド、スカラ座、富山松竹といった映画館に気軽に通っていたという。八〇年代末の富山の街なかには、まだ映画館が複数存在していた。

その後、中学に上がった私は、ザ・渋谷系男子へと成長した大学生の兄から「キネマ旬報」を教えてもらった。

「これを読めば知性派のサブカル女子になれるぞ」

ところが、その「キネ旬」で私が一目惚れしたのは、サブどころか、六〇年代の日本映画界メインストリートで活躍した往年の時代劇スター、市川雷蔵だった。

「一生のお願い！」

私は母にいつものパターンで懇願し、雷蔵の唯一のファンクラブ、朗雷会に最年少で突撃入会した。文通相手はファンクラブ会長の石川よし子さん。身近で雷蔵トークができる唯一の親友はサキちゃん（祖母）。同級生との渋谷系音楽談義はなりを潜め、次第に私は後期高齢者とガチンコで親睦を深めていった。

高校生になってからも、私はせっせと雷蔵映画の感想をファンクラブの会報に寄せた。一九九五年当時、富山には自分が観たいと思う旧い日本映画や、ミニシアター系の作品を上映する映画館がなく、近所のＴＳＵＴＡＹＡと衛星放送が頼みの綱だった。お隣、金沢のシネモンドもまだ開館していなかった（開館は一九九八年）。そのかわり、ハリウッド系大作を上映するシネコンが富山県内に誕生し始めた。一九九三年に富山のシネコン第一号、ワーナー・マイカル・シネマズ高岡が、複合型商業施設の高岡サティ内に併設された。一九九六年には富山市内では初のシネコンとなる、シアターワールド大都会がオープン。その後、イオンモール高岡、ファボーレ富山といった、シネコンを併設した複合型商業施設がお目見えした。

富山市中心部の映画館が次々と閉館し、映画館が郊外へと移行していく状況を見かねた市民たちは、一九九二年に〝富山市の映画館の存続を願う会〟を発足。署名活動によって、ウィズシネマは富山松竹ウィズシネマとして一時的に存続したものの、二〇〇二年に閉館。これを最後に、街なかから映画館が消えてしまったのだった。（『総曲輪物語　繁華街の記憶』堀江節子著、二〇〇六年、桂書房より）

いっぽう、東京のミニシアターでは、一九九五年、映画生誕百年を記念した「市川雷蔵映画祭」が企画され、ウォン・カーウァイ監督の『恋する惑星』が上映中だった。それらの情報を「キネ旬」で読んだ私は、羨ましくてギギギッ！　と八重歯を噛みしめた。観ることができないという飢餓感が、私の映画への情熱を焚きつけたし、映画人への憧れをむくむくと膨れ上がらせた。だから早く富山を出たいと思った。

2

一九九八年から十年間、私は富山を離れたが、その間、富山の映画館には新たな動きがあった。ウィズシネマが入っていたビルを買収した民間の不動産会社が、二〇〇五年に劇場が入ったフロアを富山市に寄贈したことから、映画館復活の動きが高まったのだ。市民団体〝とやまコミュニティシネマ実行委員会〟が立ち上がり、有志で上映イベントを行う〝とやまＷＩＺシネマ倶楽部〟の発足へ繋がった。映画好きの市民たちの熱い思いと、街なかに活気を取り戻そうとする行政の思惑が合致し、富山市は旧ウィズシネマを本格的に改築。私が富山に帰郷する前年の二〇〇七年、官民連携の映画館にして富山初のミニシアター、フォルツァ総曲輪が開館し、五年ぶりに街なかに映画文化の灯がともったのだ。

メジャーではないインディーズ系配給会社のシブい作品や、マニアックなエログロ作品を上映するミニシアターの誕生は、映画好きの地元民のみならず、Uターン組の私にとっても朗報だった。

私のフォルツァデビューは、二〇〇八年に公開された橋口亮輔監督の『ぐるりのこと』だった。上映予定のプログラムには、かつての富山では観られなかったであろうアート系作品、カルト作品、社会派ドキュメンタリーなどが数多く含まれていた。広い館内のロビーには映画雑誌や書籍、パンフレットが置かれ、客が閲覧できるスペースも確保されていた。当月のプログラムを記した定期刊行物には、コピペではないスタッフ独自の映画解説もあり、映画に一家言持っている人が運営に携わっているとすぐにわかった。

大都市に住んでいる人たちからすると、映画館なのだから映画マニアのスタッフがいるのは当然だと思うかもしれない。しかし富山には、ここまで顔が見える映画館はなかったのだ。富山の街なかに映画文化の胎動を感じ、私の脳内には、パンパカパーン！　と始まりのファンファーレが鳴り響いた。

地方ゆえ、旬の作品は東京からの巡回上映を待たねばならなかったが、フォルツァは独自の路線で富山の映画ファンを魅了した。近隣の飲食店とのコラボ上映会、映画にまつわるインスタレーション、時流をガン無視したZ級映画の特集上映。なかでも私の急所を連打したのは、選りすぐりのカルト作品を集めた年末年始の恒例企画「不識図鑑」だった。新年早々、よりによって『悪魔の毒々モンスター』を愛でるという背徳感といったらなかった。ハチャメチャで愛すべきポンコツ映画を、他の観客と一緒に笑い倒すのが、べらぼうに楽しかった。

県内のイベントのフライヤーが数多く集まるフォルツァは、街の動きを把握できる生きた情報源でもあった。その収集だけでも十分に通う動機になった。

「今度の不識図鑑は『不思議惑星キン・ザ・ザ』だからな！　ピストン、好きだろ!?」

「好きに決まっとるやーん！」

そんな軽口を叩けるぐらいに、フォルツァのスタッフの中川稔さんとは顔なじみになった。中川さんは、富山の某一流企業のサラリーマンだったが、セカンドライフは映画に捧げると決意し、四十代半ばでフォルツァに転職。彼も生粋の映画大好きっ子だった。フォルツァの定期刊行物の書き手のひとりは中川さんだった。

「最高でした……！」

映画を観て心震わせた後、私はホールの扉を開けて客を送り出す中川さんにそう声を掛けながら、親指を「グッジョブ！」と突き出すようになった。

映画公開に合わせた舞台挨拶が富山で行われることは稀だったが、フォルツァには亡き若松孝二監督や、俳優の井浦新、安藤サクラといった映画人がたびたび来館した。私の鳴咽度ランキング、ベスト3にランクインする、ヤン・イクチュン監督の『息もできない』をフィルム上映で、しかもヤン監督本人と一緒に鑑賞できたことは忘れられない思い出だ。サインとともに監督直筆の「シバラマ！（くそったれ）」が記された、世界にひとつだけの富山県民手帳は私の宝物である。

そして、フォルツァという施設の機能は映画ホールだけではなかった。音響設備を配したイベントホール、カルチャー教室を行う会議室なども併設し、それらを良心的な価格で市民に貸し出していた。私は旧大和の建物がなくなった代わりに、複合型商業施設やマンションが次々と建設されていくことに、一抹の寂しさを覚えていた。しかし同じく再開発の賜物であるフォルツァでは、同級生の野上が漫才イベントをやり、古本ブックエンドのお客さんがライブ企画を催していた。シアターホールでは『箱入り息子の恋』で知られる市井昌秀、ドキュメンタリー作家の鎌仲ひとみといった富山出身の映画監督の作品が上映され、ライブホールでは地元の劇団による演劇、ミュージシャンのライブ、前衛芸術家のパフォーマンスなども頻繁に行われていた。市民の文化活動をバックアップし、地元の若手アーティストの発信源を作ろうと、行政サイドが働きかけていたのだ。私は、「再開発も悪いことばかりじゃないんだな」と希望を抱いた。

シンガーソングライターの二階堂和美さん（ニカさん）のライブでは、ニカさんの手を取って歌い踊る老婦人が現れた。その人は映画鑑賞が日課のフォルツァの名物おばあちゃんで、おそらくスタッフに勧められてライブに立ち寄ったのだろう。それは映画と音楽が共存するフォルツァならではの出会いであり、上機嫌で手をヒラヒラさせるおばあちゃんの姿に、場内はえも言われぬ幸福感に包まれた。一流のアーティストと富山の老若男女がフランクに交流する光景は、シネコンではお目にかかることができないものだった。

島倉を筆頭に、ブックエンドの常連客とフォルツァで鉢合わせることもあった。そんな日は、上映後に酒場になだれ込んで映画の感想を語り合った。私は劇場内に貼り出された「お客様からの上映リクエスト」用紙を眺めながら、この映画館のど真ん中に立ち上る、送り手と受け手双方の〝映画が好き〟という青臭い想いを噛みしめた。ひょっとして、十七歳の私が渇望していたものは、映画そのものだけではなく、こんなふうに誰かと一緒に映画の魅力を共有する醍醐味だったのかもしれない。

しかしよく考えてみれば、学生時代を大阪で過ごし、社会人になってから上京した私にとって、ミニシアターは既に身近な存在だったはずだ。しかも末端とはいえ、映画雑誌の編集者として業界に関わっていたのだからなおさらだ。しかし大阪や東京で観た映画そのものが心に残ってはいても、映画館についての記憶は断片的なものに過ぎない。だがフォルツァに限っては、劇場内の雰囲気や、「リバイバル上映の『アンダーグラウンド』を観た後に、牛若（総曲輪の大衆居酒屋）に飲みに行ってヘベレケになったな」といった、総曲輪を徘徊する自分の千鳥足ルートまでもが蘇る。そんな体験はここだけだった。フォルツァは総曲輪という街の一部であり、私の日常の一部だったのだ。

3

フォルツァは富山市の第三セクター、まちづくりとやまが運営していた。郊外に流れた人々を中心市街地に誘導するべく、街なかを「健康で文化的な生活環境」に整え、「賑わいを創出する」コンパクトシティ政策のひとつとして、フォルツァは誕生したのだった。それゆえに、運営費の三分の一を富山市からの助成金でまかなっていた。

「ピストン、フォルツァの正式名称って知ってるか？　〝賑わい交流館〟って言うんだよ。知らんかったやろ！　映画を観に来てくれて、施設を利用してくれるお客さんたち自身が文化を生んで、育ててきてくれた。フォルツァは場所を提供してきただけなんよ。だからピストンも、じゃんじゃんフォルツァを遊び場として使ってほしい」

それが口癖の中川さんから、フォルツァの八周年企画でイベントをやらないかと声を掛けられたのは、二〇一五年の初夏だった。その頃の私は、ミニコミ『郷土愛バカ一代!』を三号まで自費出版し、今度はもっと違う形で、富山のユニークさを具現化したいという欲求が芽生えてきていた。自分が一歩、踏み出しさえすれば、それを受け入れてくれる土壌がこの街にあると実感したからこその、心境の変化だった。

「やるやるぅ!」

私は二つ返事でその申し出を引き受けた。中川さんが富山のアーティスト枠に自分を選んでくれたことが、素直に嬉しかった。

「好きにやっていい。法に触れなければ」

中川さんからそう告げられ、私はこれまで富山の地べたからすくい上げてきたアクを、フォルツァのステージ上でお披露目することにした。自分が富山に抱いてきた偏愛を舞台上で爆発させたい。そんな独りよがりな動機だった。

二〇一五年九月、私のペンネームを冠した「ピストン藤井の郷土愛学習発表会」は、ファッションショー「発酵美熟女コレクション」で幕を開けた。コレクションに全面協力してくれたのが、滑川の衣料品店、トムトムだった。ベビー用品から喪服まで、良心的価格で取り揃えるこの店は、近所の人が茶菓子をつまみつつ、NHKの人気番組「ためしてガッテン」で得た健康ネタを披露し合う寄合場でもあった。サービス精神が過剰な水野敦子店長は、私が訪ねるたびに靴下や歯ブラシやらをおまけにくれた。「おまたせ〜！」と、店の奥からアツアツの鍋焼きうどんを持ってきてくれたこともあった。そして私にイベント出演を依頼されたときも、ヘルニアを押して快諾してくれたのだった。

本番では〝若いツバメと繰り出す最強デート服〟をまとった水野店長や、女ハスラーの田鶴子ら平均年齢七十歳越えの熟女たちが、フォルツァのランウェイを練り歩いた。「また性懲りもなく一円にもならん祭なんぞしやがって！」と怒っていた母も、バカ娘と一緒に〝ゆるふわ農作業ファッション〟のモデルとして登場。予想に反して満杯のお客さんに迎えられ、嬉々として投げキッスをかましていた。

その後も、ライター仲間のアコタンによる珍スポットスライドショー、〝デキのいいほうの藤井〟こと我が兄による「富山県民攻略講座」など、私が培ったコネと血縁をフル活用した郷土ネタで駆け抜けた。ときには盛大にスベったりもしたが、私は、誰もやらないであろう、わけのわからんことをやっているという謎の達成感で満たされていた。フォルツァ側も私をのびのびと泳がせてくれた。中川さんに唯一、止められたのは、ロビーでホラ貝を吹こうとしたときだけだった。

モジモジしながらミニコミを作っていた私だったが、ピストン祭に関しては「やっちまえ！」となぜか心臓にボーボー毛が生え、このイベントをライフワークにするしかないと心に誓った。そして翌二〇一六年三月、第二弾を開催することにした。

しかしその直前の二〇一六年二月、富山市議会は、フォルツァの休館を決定した。総曲輪西地区に建設中の新潟資本のシネコン、JMAX THEATERとやまが同年六月にオープンすることから、「映画はそっちで観ればよし」と判断。来期のフォルツァへの助成金を打ち切ったのだ。フォルツァは、同年九月いっぱいをもって休館することになった。

私はイベント当日になっても、その事実を受け入れられずにいた。そしてあろうことか突然、壇上で泣き出してしまった。それまでホタルイカの目玉を「ぺっ!」と飛ばしていた女が、エンディング曲のチャゲ&飛鳥「ひとり咲き」が流れる中でひとりシクシク泣いている。

「フォルツァがなくなるんです……」

私はここが自分にとっていかに大事な場所かを涙ながらに訴えた。突然のひとり語り&号泣に呆気にとられるお客さんたち。

「話長いぞ〜!」

客席からはヤジも飛んできた。飛ばしたのは、泥酔した我が父だった。

4

「フォルツァに映画を観に行ったお客さんたちが、帰りにうちに寄ることも結構あったんですよ。フォルツァがなくなったら、うちもどうなるんですかねぇ。ハハハ……」

休館の報せを聞き、古本ブックエンドの石橋さんは力なく笑った。総曲輪裏通りの長屋一帯と関係の深かったフォルツァがなくなれば、長屋の人の往来も変わってしまう。私たち映画ファンだけでなく、フォルツァを憩いの場としていた街のお年寄りたちだってどうなるのだろう。フラメンコ教室に通う市民ダンサーたちは、読書会に集う本の虫たちはどこへ行く？　さまざまな人々の落胆する顔が私の頭をよぎった。

行政サイドは私たちに問い掛けもせず、非情な無関心さでもって、あっさりフォルツァを首チョンパしたように私には見えた。ただその無関心さはある意味、放任してくれていたという良い側面もあったのだろう。行政の庇護のもと、採算重視の映画館ではかからない作品を上映してこられたのは間違いない。しかし同時に、フォルツァは単なる入館者数の勘定では測れない〝賑わいの場〟を、総曲輪という街に生み出してきたことも私は身をもって知っている。九年間にわたってフォルツァが独自に地域に果たしてきた役割を、シネコンが担えるとは私には到底思えなかった。

それまでの私は憤りながらも、街の変化は仕方がないと諦めているフシがあった。しかし、フォルツァが休館する段階になって初めて、居場所を奪われることになんら抵抗しない傍観者の自分が我慢ならなくなった。数の論理では浮かび上がってこない真の豊かさが、街の至る所に潜んでいる。その恩恵を受けていた自分だからこそ、フォルツァがある街の魅力を声高に叫び続けるべきだったと、私は激しく後悔した。

フォルツァに行けば富山の内側の珍妙な奥深さと、外側に広がる景色を同時に知ることができた。そんな場所はどこにもないのだ。私はそのかけがえのない価値を、フォルツァのステージでがむしゃらに訴えることが、自分ができる休館への抵抗なのだと思った。

「燃えて散るのが花ぁあ！ 夢で咲くのが恋ぃい！ ひとり咲ぁああ〜きぃいいい！」

二〇一六年九月二十三日、私は三たび、休館が目前に迫ったフォルツァのステージに立っていた。富山地方鉄道の黄色いヘルメットを被り、父が潰した工場の作業服を着て、チャゲ&飛鳥のデビュー曲「ひとり咲き」を熱唱する三十七歳の行かず後家。思春期の頃から映画監督になりたい、雑誌編集者になりたいと思い続けてきた私のその姿は、町内の祭でカラオケを歌う、珍スポット好きのおばはん以外の何者でもなかっただろう。

最後のピストン祭、「FUJII ROCK FES 2016秋 見切り発車の郷土愛リサイタル」は、あらゆる人たちを巻き込み、全身全霊でフォルツァ愛を叫ぶフェスとなった。

富山のご当地ソングや、メスのホタルイカの情念を歌ったオリジナル演歌「身投げ慕情」を、生バンド編成で披露した。また、富山ローカルではお馴染みの黒部の酒蔵、皇国晴酒《みくにはれ》造のCMソングのフレーズ、「豪華！　生一本《きいっぽん》！」を替えて、ウザいほど叫び続けた。

「フォルツァ！　KEEP ON！　フォルツァ！　KEEP ON！」

ステージ上には藤井家、中高の同級生、長屋の面々を総動員していたので、ちょっとしたシュプレヒコール状態となった。

ガチャ！　ガチャ！

アコタンがスコップ三味線を乱暴に奏でる横で、
ピー！　プー！

古本ブックエンドの石橋さんの愛娘ハナちゃんがラッパを吹けば、富劇ビル食堂街の名酒場、初音の常連だった泥酔おじさんまでステージに乱入する。

ドンガラガッシャーン！

おじさんはそのまま舞台下へ落下し、私の妄想彼氏マネキン人形、エチオピア君も一緒に巻き添えをくって転倒した。想いが溢れすぎた最後の祭は、仕掛けた張本人の私ですらおののく、阿鼻叫喚《あびきょうかん》のショータイムとなったのだった。

「今度は新生フォルツァで会いましょう！」

私は慌ただしく締めの言葉を叫び、狂乱のピストン祭は幕を閉じた。

「往生際悪く存続訴え」

翌週、地元紙の北日本新聞に、そんな見出し付きでイベントの記事が載った。私は、往生際が悪いとは言い得ているなと妙に感心しつつ、少しは役目を果たせた気がした。それから間もなく、フォルツァは長い休眠に入った。

5

あのときの私は、行政への怒りに満ちていた。市民にとって文化を享受し、発信できるフォルツァのような拠点を設けることは、行政の当然の責務だと考えていたからだ。富山市はそれを放棄したように私には思えた。しかし東京をはじめ他県のミニシアターの苦境を知った今は、フォルツァがとても恵まれた環境にあったことを思い知らされている。

一九九四年に開館し、二〇〇三年に閉館した東京のミニシアター、BOX東中野を経営していた代島治彦さんの著書『ミニシアター巡礼』(二〇一一年、大月書店)は、代島さんが全国各地のミニシアターを訪ねて取材したルポルタージュである。全国的にミニシアターが閉館に追い込まれるなか、「でもやるんだよ!」と奮起し、使命感に突き動かされて映画館を営む人々の情熱が活写されている。彼らの姿を追う代島さんの筆致には、映画館を存続させることができなかった、代島さん自身が抱える後ろめたさも透けて見える。

ミニシアターのパイオニア的存在である東京、渋谷のユーロスペースをはじめ、新潟のシネ・ウインド、沖縄の桜坂劇場、群馬のシネマテークたかさきといった劇場のオーナーたちは、私財を投げ打ったり、地元民から基金を募ったりして映画館を作った。街から映画館がなくなることを危惧し、シネコンのラインナップからはこぼれ落ちてしまう多様な作品を上映するため、知恵を振り絞って運営を継続していた。代島さんはミニシアターの独特の空間について、「人間にはあの暗闇が必要なんだ」と綴る。

本書にも登場する、一九九八年に開館した金沢のシネモンドは、かつて市に対して助成金を申請していた。二〇〇六年には一万五千人もの署名が集まったが、それでも訴えは退けられたという。私は図書館や美術館と同じくらい、映画館には公的な存在意義があると思っていたが、市の判断は違っていたらしい。金沢21世紀美術館と組んで子供向けの映画教室を行い、金沢に文化的貢献を果たしてきたシネモンドですら、援助を受けられなかったのだ。しかしその後、同館は助成金に頼らず、自力で運営していく覚悟を決めて、二〇一八年、開館から二十周年を迎えた。映画館の暗闇を必死に守り続けているのだ。

他のミニシアターが四苦八苦しているなか、富山市の第三セクターが運営するフォルツァは、全国的に見て、とても厚遇された施設だった。私はその事実に、フォルツァが休館してから初めて気がついた。私にとってフォルツァは映画館の〝暗闇〟そのものであり、くすぶり続ける何者かにスポットライトを当てる〝光〟でもあった。それを官民連携で運営していたことの価値を、私たちは本当にわかっていたのだろうかと思った。

行政との対話を粘り強く繰り返したシネモンドのような気概が、フォルツァにはあったのだろうか。私たち客サイドは、行政の恩恵をただ受けるだけでよかったのだろうか。我々はそんな反省の余地を与えられる間もなく、フォルツァを奪われたのだった。

超個人的なバカバカしいイベント、ピストン祭をフォルツァでやれたことは、迷走しまくりの我が人生においてひとつのターニングポイントだったと思う。通りすがりの酔っ払いや、歌謡ショーだと勘違いした近所のおばあちゃんまでもが祭に集った。私がステージ上で恥を晒している間、ホールでは酒盛りが始まり、ロビーでは日本海食堂が設置したレトロ遊具でちびっ子が遊び、トムトムの二足百円の靴下を購入する淑女たちがいた。その隣の劇場では『ヤクザと憲法』が上映中という混沌とした空間が生まれていることに、私は「なんて懐がでけぇ場所なんだ!」と震えた。バラバラの個性が好き勝手に集っていたフォルツァは、公共施設のひとつの在り方を体現していたと思う。不在の時間が長引けば長引くほど、私の中でフォルツァの存在感は増していった。

第9章　ここでしか会えない人

1

フォルツァが休館する約一年半前に営業を終えた場所がある。駅前シネマ食堂街と富劇ビル食堂街だ。二〇一五年三月の北陸新幹線の開業に伴い、富山駅が一大リニューアルするのと同時に、約半世紀にわたって富山の呑兵衛の拠り所だった溜まり場が消えた。

九〇年代半ば、女子高生だった私は、富山駅の向かいにできた真新しい商業施設C・i・C（シック）によく友達と通った。テナントに入っているサイゼリヤのドリンクバーが目当てだった。その道中で目にしたのが、古ぼけた看板〝シネマ食堂街〟を掲げたアーケード状の路地だった。この奥にエッチな映画館があるのはなんとなく知っていたが、昼間でも

「ガキが来るとこじゃねえぞ」という鬱々としたオーラを放っており、高校生の私にはとてもじゃないが入る勇気はなかった。駅前のファッションビルのキャピキャピ感と、折り合いをつける気がさらさらない闇市感。その雰囲気は九〇年代にして戦後、さらには戦争を連想させ、怖さを増幅させた。

富山大空襲により、地方都市としては原爆が投下された広島、長崎に次ぐ戦禍を被った富山市は、たったの十年でめざましい戦後復興を遂げ、高度経済成長期へと突入した。復興真っ只中の一九五〇年、富山駅前に立地する初の映画館、富劇が開館。続いて一九五九年、二つ目の映画館、富山シネマ劇場が開館した。当時、シネマ劇場は富山駅を利用する客が列車の待ち時間に観られるように、短いニュース映画を上映していた。やがて娯楽映画も上映するようになったが、七〇年代以降は映画産業の斜陽とともに客足は落ち、成人向けのピンク映画を上映する「富山駅前シネマ」と館名を変えてリニューアル。やがて同じような過程で富劇も成人映画館となった。

シネマ劇場の開館に伴い誕生したのが、シネマ食堂街だった。当初は居酒屋や中華料理店、スナックなど約三十軒が営業していたそうだ。一九六六年になると富劇にも、約二十軒の店子が入る食堂街が併設された。二つの映画館の間には、戦後の闇市を継承する須田ビル（シックの前身）を中核としたアーケード街、駅前百貨街もあった。百貨街には魚屋、八百屋、洋品店、書店、薬局、パチンコホールなど、最盛期は約百店舗が軒を連ね、多くの人でごった返していたが、富劇は一九九二年に、駅前シネマも二〇〇七年に閉館した。ただ、映画館という屋台骨がなくなった後も、どちらの食堂街も細々と営業を続けていた。しかし、島倉に連れられて私がシネマ食堂街を初めて訪れた二〇一三年には、すでに二つの食堂街一帯は、再開発計画や建物の老朽化、耐震性の問題により、二年後に取り壊しが決まっていた。営業している店はどちらも半数以下になっていた。

富山駅前の市電通り沿いに設置されたアーケードをくぐると、人気《ひとけ》のない路地が広がり、店子の看板のみがほのかに闇を照らしていた。片隅には小さな鳥居がポツンと佇み、アーケードを入るとすぐに店が軒を連ねていると思っていた私は、ぽっかりと穴が空いたような空間にたじろいだ。この先に本当に酒場があるのだろうか。駅前の明るい喧騒をシャットアウトする異界ゾーンは、すっかりトウが立ちまくった三十四歳になってもやっぱり怖かった。

和式の公衆便所から漂う、すえたフレグランスに鼻をひん曲げつつ、私は迷路のように入り組んだ食堂街をスタスタ歩く島倉の後を追った。シンと静まり返る通りを行き、営業しているような、していないような店を何軒か通り過ぎる。すると島倉が、看板の明かりが灯った寿司屋の前で足を止めた。

「ワハハハ！」

引き戸をガラッと開けると、豪快な笑い声が耳に飛び込んできた。コの字型のカウンターに十席ほどの店内は客でギチギチに埋まっており、閑散とした通りとは一変して、熱気と甘ったるい酒臭さに溢れていた。その店が、夜九時から深夜一時まで営業する、寿《す》し晴《はる》だった。近所の常連客から報道記者やアナウンサー、会社員、観光客、そして「あとの五割は職業不詳」（島倉談）という、幅広い客層が集う人気店だった。

「そこ！　空けてあげて！」

あのねのねの原田伸郎似の大将、牧野晴夫さんがカウンター越しに指示すると、客たちが一斉にガガガッと席を詰める。

「狭いけど堪忍しられぇ〜」

大将はそう詫びながら、新参者の私を招き入れてくれた。

「目利きはピカ一。ギャグは三流」（島倉談）の大将が握る寿司は、サス（カジキマグロ）のトロ、白エビ、アジなどの新鮮な地場もんばかりで、魚は食い飽きたはずの富山県民の胃袋をお驚かせた。なかでも大ぶりのバイ貝の身を肝《きも》醤油と薬味、ワサビで和えた、バイのたたき（通称バイたた）は、酒がジャンジャンバリバリにすすんだ。半分はそのままツマミで、半分は軍艦巻きにして喰らうのがこの店の鉄則だった。

寿し晴はいつ来てもやかましかった。店内では、県外の人には口喧嘩に聞こえるらしい語気強めの富山弁が飛び交っていた。店が狭小ゆえに「ひとりでしっぽり飲みたいんです」と思っていようが、パーソナルスペースは問答無用に侵され、隣の見知らぬ客とも必然的に会話が生まれる。外の公衆便所には備え付けの紙がないので、トイレに立つ客に紙を手渡すべく、カウンター上でトイレットペーパーリレーが始まるのも毎度の光景だった。

「〇〇の鱒寿司は買っとかれ！」

出張で京都からやって来たというサラリーマンがいれば、地元民のお節介アドバイスが浴びせられた。

「あんた！　そんだけ飲んだがやから満足したやろ!?」

メートルが上がってクダを巻き始めた客には、大将から強制的にお勘定が発動され、かわりに新規客をお迎え。大将の客さばきも見事だった。

私は寿し晴を皮切りに、貝専門店の岬や、蕎麦屋のつくし、フォークソングとおでんの店、茶文《ちゃぶん》などを次々と踏破。朝五時まで営業する泥酔客の最後の砦こと、中華料理店、粋《すい》宏閣《こうかく》のムースーロー（きくらげと豚肉の卵炒め）で、駅前の徘徊を〆るようになった。表通りから恐る恐るチラ見していたシネマ食堂街の奥地には、人と人とが交ざり合う混沌と、独特の躍動感がみなぎっていた。

もうひとつの食堂街、富劇ビル食堂街は、シネマ食堂街から東へ徒歩五分ほどの所にあった。同所の顔である一九六六年創業の居酒屋、初音は、シネマ食堂街とはまた別な意味で衝撃的な店だった。

建物まるごとヌカ床に漬け込んだような、年季の入った外観。店の軒先には発泡スチロールのトロ箱（魚を保存する箱）が、一見客《いちげん》の侵入を阻む要塞のごとくうずたかく積まれていた。カウンター八席ほどの店内には富山名物、幻魚《げんげ》の干物、十カ月は熟成させるという、ゆべし（ゆず味噌とクルミを練った菓子）、その隣にはハエ取りリボンが平然と吊るされていた。そして半世紀分のおでんの出汁と客の愚痴が染み込んだ茶色い壁には、思い出の写真やサイン色紙が所狭しと飾られていた。酒道を極めた先に桃源郷があるとするなら、きっとこんな場所に違いないと思った。

カウンターの中では食器と調理器具の山に埋もれるようにして、一合三百円の地酒、白緑《しろみどり》の一升瓶を、おでん鍋に入れられたチロリにトクトクと注ぎ込む小柄な女将さんがいる。店主の経明《つねあき》尚江さん、通称〝お母さん〟だ。二〇一三年当時、七十七歳。夫を亡くしてから三十年以上もの間、ひとりで店を切り盛りしてきた。大将と客による丁々発止の掛け合いが繰り広げられる寿し晴に対し、初音は優しいお母さんを客が見守るように、すべてが動いていた。

「はい、ホタルイカね～」

客に刺身を提供した後は、おでん鍋のカニ面（カニのむき身を甲羅につめたおでんダネ）に出汁を回しかけ、味を染みこませる。名物の冷たいカレーのルウを器に盛れば、次はぬる燗の温度を確認する。せっせと働くお母さんの一挙手一投足を、くたびれたオッサンたちがじっと見つめている。常連たちは自分でおしぼりを取り出し、「おかーさーん、二本目もらうちゃね」と自己申告制でビール瓶の栓を抜く。黒板に書かれたメニュー「うなぎの肝串」に関しては、島倉から、「焼くのに時間がかかるから絶対に頼むな!」ときつく注意を受けた。それ以外にもこの店には、お母さんを困らせてはいけないという、客同士で交わされる暗黙のルールがいくつもあり、いつしか私も自然と従うようになった。

日々の労働の苦しみや、博打に負けたしょっぱい気分を抱えた客たちは、まるで囲炉裏の周りで暖をとるかのようにお母さんを囲み、心と体を癒してきたのだろう。眼光鋭いギャンブラー、銀行の偉い人、用心棒のようなコワモテ親父、古本ブックエンドの面々、先代との縁で繋がる京都大学山岳部のOBたち。あらゆるバックボーンを抱えた人々が、お母さんと自分たちの棲《す》み処《か》を慈しみ、守ろうとしていた。この店も島倉の引率がなければ、私ひとりでは絶対に訪問することはなかっただろうが、いったん入ってしまえば思いのほか馴染むことができた。

しかしこの魅惑的な異界ゾーンは、近いうちになくなってしまう。寿し晴や初音のこと、ここに集う人たちのことを書き留めなくてはならないと思った。

「いつかこの場所について、私のミニコミで書いてほしい」

「ＯＫＯＫ！　りょーかいりょーかい」

島倉は私のお願いを大して考える間もなく快諾したので、私はやや不安になった。

シネマ食堂街に入居していた店の数軒は、新天地に移転する予定だったが、富劇の初音は店を畳むことになっていた。店の存続を願う客もいたが、「息子たちにこれ以上、心配をかけるわけにはいかない」と口にするお母さんを、誰も無理に引き留めようとはしなかった。

二〇一五年四月三十日の最終日、初音のお母さんは、いつもの夕方四時開店を繰り上げて昼から営業を始めた。八席のカウンターには三十人を超える客が訪れ、口々にお母さんへの感謝を述べ、労をねぎらった。閉店はきっかり夜十時。

「おらぁ、明日からどうすればいいがよぉ……」

店の灯りが消えた後、そうつぶやいて落涙する常連客もいたと島倉から聞き、私は胸が締め付けられた。シネマ食堂街の寿し晴では、閉店の一カ月前から連日、カウンターが予約客で埋め尽くされ、五月三十一日の最終日も朝方まで盛り上がったそうだ。

二〇一九年現在、シネマ食堂街の跡地には十八階建てのホテルとマンション、専門学校、カラオケや居酒屋などの飲食店が入った複合型商業ビル、パティオさくらがそびえ立つ。

十一軒の飲食店のうち富山の店はわずか二軒。北陸新幹線に乗ってやって来る県外の観光客を「ようこそ富山へ！」と出迎えるのは、ほとんどが東京資本のチェーン店になった。そして富劇の跡地にできたのは、富山市が標榜するコンパクトシティの対極にある車社会の象徴、コインパーキングである。

街の変化を全否定したいわけじゃない。パティオさくら内に串カツ屋がオープンしたと聞いて「おほっ！」とテンションが上がったし、実際、店を訪ねてモリモリ食って飲んだ。店内は外国人観光客やサラリーマン、合コン中と思しき若い学生たちで賑わっていた。

「ここは一人でも入れるし、サクッと食べて飲んで帰れる。楽チンなんよね」

そう語る知人の話を聞いて、シネマ食堂街とはまるで客層が違うこの店のほうが、多くの人に歓迎されているのだろうと思った。店内はきれいで入りやすいし、接客はスムーズ。ドリンクもすぐ出てくるし、串カツはどれも平均的にうまい。何も悪いところはない。だが、毒もない。

シネマ食堂街と富劇の初音は、やすやすと通り過ぎることのできない、面倒くさい場所だった。建物は汚くてイスは座り心地が悪いし、昔はワルだったっぽいオッサンや、今でもワルそうなオッサンもたくさんいた。

「座布団、二枚重ねて座るな！　お里が知れるよ！」

シネマ食堂街の某店の女将さんに、そう怒られたこともあった。泥酔客に絡まれてこっちまで悪酔いし、翌朝、「行くんじゃなかった……」と後悔することだってザラにあった。あそこは最後まで、私にとっては征服できないスポットであり、だからこそめちゃくちゃ面白かった。気の合う仲間たちと過ごす箱庭では決して出会うことのない、酸いも甘いも嚙み分けた大人たちの吹き溜まりは、雑多で猥雑なエネルギーに満ち溢れていた。それはまさに、街が持つ普遍性だったのではないかと今は強く思う。

シネマ食堂街と富劇を失った今の駅前には、表と裏、光と闇の境界線までもが取っ払われてしまったように私には思える。街はどんどんわかりやすく、合理化されていく。街の中に不気味で、いかがわしくて、思わず足がすくむようなエリアがなくなっていくことで、自分たちの心の中までもが地ならしされていくような気がする。ひとつの場所が失われるということは、多様に絡み合ってきた人間模様が奪われてしまうということだ。物理的に建物がなくなること以上に、その喪失のダメージは計り知れない。

昆布出汁のおでんの香りとタバコの煙。公衆便所のアンモニア臭と呑兵衛たちの酒臭い吐息。かつてシネマ食堂街と富劇から放たれていたディープな体臭は、行き交う人々の人生そのものの匂いだったのだろうと思う。街が無味無臭化されてしまった今は、あの匂いが無性に恋しくてたまらない。

しかし場所はなくなるばかりではない。二〇一五年八月、シネマ食堂街から少し離れたビルの一角に、寿し晴が移転オープンしたのだ。お祝いがてら島倉とふたりで飲みに行った。新天地の寿し晴は以前より随分ときれいな店構えになっており、小上がり席まで出来ていた。だが大将の牧野さんは相変わらず原田伸郎にそっくりだし、店内もやかましいままだった。島倉はいつものようにひとりで日本酒二合を飲み、バイたたをつまみながらつぶやいた。

「食堂街がなくなっても、大将と俺たち客さえいればいい。結局、店は人が作るもんじゃないけ？」

その言葉は島倉の横顔とともに、私の脳裏に刻まれている。島倉が言うように、あらかじめ場所が与えられているのではなく、人が場所を作っていくものなのだろう。私はもう、居場所の喪失を嘆くのではなく、自分たちで生み育てていくステージに来ているのだと思った。あとは、人さえいればなんとかなると、ハッタリかまして次に進む覚悟が自分にあるかどうかだ。

2

「犬も歩けば島倉に当たる」

総曲輪界隈ではそんなことわざが囁かれるほど、年がら年中、島倉は街なかにいた。めぼしい酒場の大将とは大体顔なじみで、「島倉さん、千石町の中華料理屋で肉団子運んどるらしいよ」という怪情報まで流れてきた日には腹を抱えて笑った。とにかくめちゃくちゃ顔の広い人で、節操もないくらいにあらゆるイベントに携わっていたので「このオッサン、本当は何がしたいんだろう？」と思ったりもした。

「お父ちゃんはお前の好きな金の玉二個持っちょる！」

島倉は私たちの大好きな『仁義なき戦い』の山守組長こと金子信雄の写真を、おきまりの迷ゼリフを添えてしつこくメールしてきた。あるときは、「某大型書店が撤退して、九百七十坪、全部、歯医者になる」などと嘘八百並べたり、「あいつとあいつがデキてる」と、下世話な噂話をタレこんだりする、ろくでもないオッサンだった。

しかし妙なところで生真面目で、どんなに前日に深酒しても、イベントの仕込みに遅刻することは一度もなかった。二日酔いの吐き気と戦いながらブックデイの会場を設営し、本の入った重い段ボール箱を運ぶ裏方仕事を黙々とやっていた。そして、「読んでいない本、観ていない映画、行っていない酒場のことは語るべからず」という信条を掲げ、本や映画の批評も鋭かった。

そんなある日、島倉からメールが入った。

「ピストンに読んでほしいものがある」

それは千石町通り商店街が企画した映画『がんこもん』の脚本の準備稿だった。総曲輪から少し離れた千石町では、商店街の人たちが市の助成金に頼らず、自分たちで地域を盛り上げようと奮闘していた。島倉は、その町おこし映画の撮影と脚本を任されていた。

店を畳むことにした居酒屋の店主が、商店街の仲間の励ましや、不思議な少年との出会いによって希望を取り戻していく。首チョンパシーンが登場する残酷B級映画が大好きな島倉らしからぬ、ファンタジーを交えた真っ当な人情ものだった。

「ラストは商店街のゆるキャラ〝千石こまち〟の大爆破説もあり得るぞ!」

私に感想を求めつつ、島倉は照れ隠しのように言った。大学時代、脚本を書こうとしながら完成できなかった私は、「千石こまちを絶対に爆破させろよ」と笑いながら、ズブの素人のくせに、長編映画の脚本を書き上げた島倉のド根性に心の中で拍手を贈った。後で石橋さんから聞いた話では、島倉の事務所のブクシマには、初心者のためのシナリオ入門本がたくさん置いてあったそうだ。

公開直前まで島倉がヒーヒー言いながら編集した『がんこもん』は、二〇一三年十一月末にフォルツァ総曲輪で無事公開され、西川美和監督作『ディア・ドクター』に次ぐ大盛況となり、多くのメディアに取り上げられた。そして、第二弾『まちむすび』製作への足掛かりになった。思い返せば、島倉は文句ばかり言うのではなく、ちゃんとケツを拭こうとする人だった。実際、拭けていたかどうかは知らないが。

フォルツァ休館の報せを受け、いち早く「フォルツァ総曲輪の未来を考える会」を発足させたのも島倉だった。内部の人間でもないのにフォルツァを守ろうと唯一、具体的な行動を起こしたのに、なぜか「劇場の運営がずさん過ぎる」と客から非難され、私からは「はよ署名活動しろ！」と責められた。

「俺を吊るし上げたあいつらを、いつか自叙伝で暴露してやるぜ！　どふぅ！」

そうやって日本酒片手に悪態をつく島倉は、殺伐とした現状に、ユーモアで救いを与えてくれていた。そうか、島倉は救世主だったのか。

「またガセネタが飛び込んできやがった」

ライター仲間のアコタンからその電話を受けとった瞬間、私は思わず笑った。しかしアコタンの震える声を聞いているうちに、だんだん頭が真っ白になっていった。

二〇一八年十月二十九日、島倉は、四十九歳という若さでこの世を去った。突然死だった。ついこの間まで意気揚々と悪口を吐いていた島倉が、突然いなくなってしまった。

島倉は亡くなる前日も、西へ東へ駆けずり回っていたらしい。ずっと咳き込んでいたそうだが、とあるイベント会場で若い女子たちをスマホで撮ってあげたらしい。

「はい、撮影料二百万」

大して面白くもない冗談を言ったというから、島倉らしいなと思う。でも私はどれだけ本当の彼を知っていたのだろうか。

訃報を聞いてから一カ月半の間、何度、島倉を偲んで献杯を交わしたかわからない。私の行きつけの店は島倉が連れて行ってくれた場所ばかりだったから、常連客はみんな彼の知り合いだった。

ブックエンドの長屋界隈にあるDOBU6でも、若い頃に島倉とよく飲み歩いていた人たちの話をたくさん聞いた。相手と腹を割って話すべく、ケンカをふっ掛けるのが島倉のコミュニケーション手段だったので、なかには殴り合いのケンカに発展し、疎遠になった人もいた。だがそれでも皆が口々に「憎めない男だった」と語り、いい歳をした大人たちが涙目になりながら、島倉の武勇伝を披露することで慰め合った。私はその話を聞いているうちに、街から文化が衰退し、溜まり場が失われていくのを誰よりも危惧していたのが、島倉だったのではないかと思った。

DOBU6店主のアキラさんは、二〇一七年春、店が入るビルの三階をリフォームし、イベントスペースを作り上げた。それはフォルツァが休館し、県内外のアーティストのライブ拠点がなくなることへのカウンターだった。アキラさんもまた島倉と同じく、街から文化と溜まり場が失われていく流れに対し、みずから動いた人だった。島倉が亡くなった後、アキラさんと島倉の思い出を語り合った。

「島倉さんが通ってた店に俺も何軒か行ってみたんね。そしたら島倉さん、店ごとに飲む酒を決めとったみたいだわ。駅前の酒場では日本酒、街なかのバーではスコッチ、あるところでは焼酎。そうやってハシゴして店が潰れんように顔を出しとったらしい。律儀な人だったんやろうね」

島倉は孤軍奮闘する個人店に足繁く通いながら、縄張り意識が強固なコミュニティ間を繋ぐ、潤滑油の役割も担っていた。そんな面倒くさい役、誰もやりたがらない。しかし互いに牽制し合っていては、画一化という行政主導の大きな流れに街全体が飲み込まれてしまうことを、島倉はわかっていたのだろうと思う。

街からミニシアターの灯を消すまいと奔走していた島倉は、富山で音楽イベントを企画してきたクラブカフェとフォルツァ関係者との間も繋いできた。その尽力もあって、二〇一六年十一月、シャッター商店街だった中央通りに小さなシネマカフェ、ほとり座が生まれた。また同時に、島倉は行政関係者ともコンタクトをとり、フォルツァ復活のシナリオも描いていた。フォルツァが生み出した磁場を守ることも諦めてはいなかったのだ。誰かにとって必要かもしれない場所を街に確保しようと、身を削っていたのが島倉という人だった。

「どふぅ！」

「んんばば！」

語尾に謎の擬音をつける。

「すんません！　僕にあと三分、時間を下さい！」

自分の話に誰も耳を貸さなくなると、哀願するパターンを繰り返す。財布を持ち歩かず、ポケットからゴソゴソ小銭を出す。私はそんな島倉が好きだった。酒場で出くわした同業のカメラマンに酔って絡みまくる。私はそんな島倉が嫌いだった。

ブクシマで泥酔して前後不覚になった女性を、「俺に任せろ！」と颯爽と抱きかかえ、そのままズルズルッと階段を滑り落ちていった後ろ姿を、私は一生、忘れないだろう。島倉は面白くて、猥雑で、真面目で、ややこしくて、カッコイイ大人だった。

島倉よ、聞け。シネマ食堂街や富劇がなくなろうが、フォルツァがなくなろうが、あんたの喪失に勝る悲しみなんてないんだよ。身体が半分に引き裂かれたみたいで、寂しくて仕方がないよ。私の体脂肪四十％が二十％になっちゃってもいいのか！　てめぇ以外、誰がピストン祭のイスを並べるんだ、このボケェ！　みんなが島倉に会いたくて会いたくてたまらないんだよ。お願いだから戻ってきてよ。

「あとはお前らで勝手にやれや。俺はもう知らん！」と、まるで捨て台詞を吐くかのように、島倉は何もかもを放り投げて、逝ってしまった。

「場所がなくなっても、人さえいればどうとでもなる」

ドヤ顔でそんなこと言っていたくせに、当の本人がいなくなってどうすんだ。

いつの間にか、平成最後の年となる二〇一九年の幕が開けた。薬の配達をしていても、アパートの部屋にひとりでいても、酒場でハイボールを飲んでいても、どこにいても島倉の残像が見え隠れする。SNSで流れてくる芸能人のスキャンダルを見れば、下世話な島倉が大喜びするネタだなと思い、フッと鼻で笑った後に涙がポロリとこぼれた。

「なんか今にも缶チューハイ片手に、フラッと店に入って来そうなんですよね……」

ブックエンドの石橋さんは寂しさを隠しきれない様子だった。

「島倉パイセンはかき回すだけかき回していったな!」

フォルツァの中川さんは苦笑しながら嫌味を吐いた。私は島倉をよく知る彼らと酒を飲み、彼らの前で島倉の真似を披露した。

「どふぅ! すんません! どふぅ!」

「それそれ! ワハハハ!」

島倉が通っていた酒場で、島倉をネタにみんなで笑い飛ばしていれば、あいつがひょっこり現れるような気がした。そしてガラッと店の扉を開けるなり、私を指差してこう言うに違いないのだ。

「僕のことをイジったあなたを、今から便所裏でしばきます!」

そうやって島倉を思いながら、ほんのわずか、笑いに転化できる一瞬、一瞬を重ねていくことでしか悲しみを癒せなかった。

だが島倉はいなくなったわけじゃない。ミニコミ『郷土愛バカ一代！』を読めば、島倉に会うことができる。なぜなら、全四巻すべてに島倉の文章が掲載されているからだ。そこには既になくなったか、なくなる予定の店のことばかりが記されている。島倉は二度と行けない場所を、酔っぱらいの酒臭い息がぷんぷん漂ってきそうなほど緻密に描写した。街の記憶を留めようとする、強い意志と愛情がにじみ出る文章だった。私は読み返しながら、このミニコミを作って良かったと改めて思った。ページをめくればいつだってそこには、みんなに愛された島倉と、島倉が愛した富山がいる。

長めのエピローグ

曇り空の下で

1

この本には、無名の〝行かず後家〟が、ひたすら北陸の片隅で逡巡しまくる姿が記録されている。読むうちに、胃もたれを起こしたかもしれない。イライラしたかもしれない。心がピクリとも動かなかったかもしれない。でもここまで読んでくださったのなら、どうぞもう少しお付き合い頂きたい。

本書は二〇一七年九月から、二〇一八年十二月までの一年四カ月間、里山社のウェブサイトに連載された原稿を大幅に加筆、訂正したものである。私は、それまでのペンネーム、ピストン藤井ではなく、初めて本名の藤井聡子として、富山の街と人たちのことを、そしてここで生きる上で感じたことを、出来る限り正直に書いたつもりだ。地元にいながら地元のことを書くのは、とても勇気がいった。私が本音を明かすことで、身近な人を傷つけるのが怖かった。

しかしためらいながらも筆を進めていけたのは、我が生涯最高の飲み友達、島倉和幸の存在が大きかった。まさかいちばんの応援団長を失うとは夢にも思わなかった私は、それまで経験したことのない悲しみに飲み込まれて、しばらくの間、この原稿を書き続けることが出来なくなってしまった。しかし、私を救ってくれたのは他ならぬ、書くことだったのだ。

「藤井聡子で書かんとアカンやろ。ピストン藤井っていうキャラに逃げられんなよ」

かつて島倉は幾度となく私に説教した。

「うるせー! 逃げてねーし!」

私は島倉にそう言われるたび、自分の生き方を否定されたようで苛立った。だが本当は島倉に指摘される前から、私は自分が作ったキャラクターに限界を感じていた。ある食堂が閉店する瞬間を目撃して以来、「このままでいいのか」という迷いが頭をもたげるようになっていたのだった。

そこは地域の人に長いあいだ愛されてきた蕎麦屋で、元高校球児の店主が〝ミスター巨人軍〟こと長嶋茂雄の熱狂的ファンだった。肖像権を度外視した、店主手製によるミスターの似顔絵巨大看板をはじめ、巨人軍に関する記事の切り抜きやサイン色紙、ポスターなどのグッズが店内外にごった煮状態で陳列されていた。

ミスターの背番号「3」の数字が店主のラッキーナンバーで、客用のスリッパから出前用の車、カレンダーの仲間由紀恵の眉間にまで「3」を刻印。営業時間も十時三分〜二十一時三分とこだわりを貫いていた。蕎麦のほかにも〝長嶋ラーメン〟〝江川定食〟といった、選手の名前をモチーフにした定食メニューが豊富にあり、全国の巨人ファンが集う聖地として知られていた。だが店主であるお父さんには肺の持病があり、奥さんは脳梗塞の後遺症で身体が不自由だった。二人は満身創痍で店を切り盛りしていた。

「私、もうすぐ死にますんで〜。ハハハハ〜」

細身のお父さんは、笑えない自虐ネタで愛想をふりまきながら、せっせとラーメンの出前に出掛けていた。食後には必ず大人にアイスコーヒー、子供にアイスクリームをサービス。ラーメン一杯に対し三杯分の無料券を配ってしまう、人が良すぎる店だった。

この店を完全に〝珍スポット〟として捉えていた私は、地元のテレビ番組で嬉々として店を紹介した。快く登場してくれたお父さんは、ニコニコしながら私に感謝を述べた。

「こんな今にも潰れそうな店を、テレビに出させてくれてありがとうございます」

しかしその後しばらく、私が食堂に出向くことはなかった。久しぶりに店を訪ねたのは、富山に遊びに来た遠方の友人を連れて訪れたときだ。店には引っ越し業者が来ており、ミスターの看板を撤去しているところだった。店を畳むことを知らなかった私は、たまたまその瞬間に立ち会ってしまったのだった。

駐車場には、以前よりも痩せ細ったお父さんが佇んでおり、撤去されていくミスターを静かに見ていた。

「いや〜、ドクターストップがかかっちゃいまして。ハハハ〜」

お父さんはいつもの調子で笑った。

「え〜、そうなんですかぁ……いやぁ〜……残念ですねぇ」

私はどう声を掛けていいかがわからず、かといって沈黙も耐え難く、適当な言葉を並べた。そこへ事情をよく知らない友人が割って入った。

「じゃあ最後に記念撮影でも」

そう言って彼女がスマホを掲げようとした瞬間だった。

「ヤメテクダサイ!!」

これまでお父さんの口から発せられたことのない、甲高い声が駐車場に響いた。まるで悲鳴のような叫びだった。

夫婦で五十年近くも守ってきた大切な城を、私は「珍スポットだ!」と騒ぎ立て、その場限りのネタとしてしか見てこなかった。街を書くことは、多かれ少なかれ、そこに生きる人々が懸命に積み上げてきた営みに、土足で立ち入ってしまうことでもある。自分が無自覚にしていることの暴力性を突き付けられた私は、喉の奥から罪悪感の塊が、怒濤のようにこみ上げてきたのだった。

思い出すと胸が苦しくなるため、私はこの出来事を周囲に打ち明けられなかった。しかしなぜかある人の前では、まとまらない懺悔のようなものをダラダラとこぼしていた。彼は嫌な顔ひとつせず、黙って私の話を聞いてくれていた。そして最後に「いい話ですね」とつぶやいた。

「いい話というか……それに気づけたことが藤井さんにとって大事なことだと思います」

島倉を失い、呆然と立ちすくんでいた私に、ふたたび書き始める気力を与えてくれたその人のことを、最後に書いておきたい。

2

笹山敬輔という人と知り合ったのは、二〇一八年の猛烈に暑い夏の日のこと。地元の新聞記者である友人のタジリンが企画した飲み会だった。私の知っている人たちばかりが揃うと聞いていたのに、品のいい見知らぬ男性が隣席にいたので思わず顔がこわばった。

私は不意のシチュエーションにめっぽう弱く、初対面の人に囲まれると気疲れし、翌日から二日間ほど寝込んでしまう小心者である。それでも精一杯、笑顔を取り繕いながらその男性と名刺交換をした。そこには〝笹山敬輔〟という名前と、〝富山めぐみ製薬〟という会社名、そして〝代表取締役社長〟という肩書が記されていた。

「しゃ、社長って!」

驚きのあまり、心の声が漏れ出てしまった。続いてその会社が、富山の老舗置き薬メーカー、内外薬品の新会社だということに気づいた。

「ケ、ケ、ケロリンさんじゃないっすか!」

またしても素っ頓狂な声が出た。ケロリンとは内外薬品の看板商品である頭痛薬にして、富山を代表する置き薬のこと。銭湯に置いてある黄色い風呂桶の販促グッズで、全国的な知名度を誇っていた。笹山さんは富山県民なら知らない人はいない、大会社の御曹司だった。しかしその日いちばんの驚きはもっと他にあった。

「笹山さんは社長だけど芸能史の研究者だから」

「えっ!」

「文藝春秋から本も出してるから」

「えーーーーーーっ!」

もはや感嘆詞しか出てこなかった。友人がペラペラと教えてくれる笹山さんの経歴に、私はいちいち面食らった。笹山さんは筑波大学大学院で文芸・言語を専攻し、文学博士号を取得。家業を継ぐかたわら、明治、大正、昭和の大衆芸能史を網羅する若き研究者として、既に本を三冊も刊行していた。しかも私と同じ一九七九年生まれだった。

市川雷蔵のブロマイドを下敷きにしのばせ、ほくそ笑んでいた中学時代の私のように、笹山さんも、亡きスターに思いを馳せる青春を過ごしてきたのではないか。誰とも分かち合えなくとも、好きなものに夢中になれる時間を愛でてきたのではないか。自分とは似ても似つかないタイプに思えた笹山さんに、私は一方的な親近感を抱いてしまった。

その日は、おじさん連中の自分語り大会が繰り広げられたせいで、笹山さんとはじっくり話せなかった。ただ唯一、伊東四朗にインタビューをしたという彼に、自分のガラケーに保存した写真を見せつける謎のアピールを敢行した。

「私、四朗のマブダチ、超大好きっす!」

「あ、小松政夫ですね」

目の前に突き出された画質の粗い小松の親分を見て、笹山さんは少し引き気味に笑った。

笹山さんの著作『昭和芸人 七人の最期』(二〇一六年、文藝春秋刊)は、昭和を駆け抜けた七人の芸人の晩年が綴られている。〃日本の喜劇王〃と称されたエノケンこと榎本健一、エノケンと人気を二分した古川ロッパら、一時代を築いた芸人の晩年は、読んでいてうなだれるようなエピソードばかりだったが、悲哀の中にもある種の清々しさがあった。私はなかでも古川ロッパの章が印象深かった。

鋭い観察眼と批評精神を持ったインテリゆえに、ロッパは自身の境遇を冷徹に見つめた人間だったという。笹山さんは、人気凋落《ちょうらく》後に「しびれるような屈辱」を味わったロッパの日記を紐解きながら、次のように自身の思いを綴る。

「ロッパの『希望』を持てなかった弱さではなく、『絶望』とともに生きた強さを見たい」

ハッピーリタイアできなかった七人の晩年を、時代背景とともに俯瞰して辿るいっぽう、通底しているのは笹山さんの芸と人への愛情だった。

「くっそぉ……めっちゃくちゃ、おもしれぇえ！」

胸を震わせながら、私は敗北感を抱いた。学術的研究がベースにありながらも論に溺れず、淡々としているのに熱を帯びた文章は、どうあがいても、今の自分には書けないと思った。

「こんなすごいものを書ける富山の同級生に、もう一度会ってみたい」

家業を継ぎながら、富山の枠を越えた執筆活動をする彼の話を聞けば、自分が抱えている閉塞感を解消できるのではないかという、微かな期待もあった。

笹山さんは取材オファーを快く引き受けてくれた。ところが待ち合わせの酒場に現れるなり、開口一番、告げた。

「私は卑怯なんですよ。自分が富山に住んでるとは思ってないので。逃げてるんです。だから私に富山のことを訊かれても、申し訳ないんですけどあんまり答えられないと思います」
笹山さんはにこやかに、されどクールに私を突き放した。だが嘘のないその言葉を聞いて、私はますますこの人に興味を持った。

笹山さんは筑波大学大学院時代に、家業である内外薬品の東京支社に就職。二〇一六年、同社の社長に就任し、それを機に富山にも居を構える。二〇一八年には大手置き薬メーカーが合同で設立した、富山めぐみ製薬の社長にも就任。東京と富山を往復する生活を送っていた。社長として多忙を極めながらも、平日の夜と週末に研究に没頭することは、仕事のストレス解消にもなった。

「富山というひとつの場所に留まっていると、内輪で人間関係が完結してるから、周りの評判が気になる人が多いんだと思います。でも私はそうじゃないので、さほど気になりません。仕事と研究、東京と富山という二つの拠点があるから精神的にラクです」

彼はさらに富山の現状について、冷静に手厳しい意見を続けた。

「文化や芸術というものは、理性や論理では語れないと思います。ダメで、偏愛的で、マイノリティだったりする。だからこそ、それを受け入れる図書館や美術館には、公共性が必要だと思います。それは観光資源化という意味ではない」

地域の人たちの憩いの場が街から失われていくことや、ホモ・ソーシャルな社交界への違和感を率直に口にする笹山さんには、富山を代表する大企業の五代目でありながら、「ここに染まってなるものか」という固い決意があるように思えた。

「小さい頃から、子供というより後継ぎとしてしか周囲からは見られていませんでした。そこへの反発は常にあって、環境を変えたいとずっと思ってきました。でもだからといって、完全にレールからドロップアウトできるわけじゃない」

笹山さんは有名企業のお子様が数多く集まる富山大学附属中学校から、県内トップクラスの進学校、富山中部高校の理数科へと進学した。家業のことを考えれば、このエリートコースの先には理系の大学が待ち受けているが、笹山さんは筑波大の文系を選択。そして今度は二十歳で大学を休学し、なんと俳優養成所に通い始めたという。

「マーージっすか！」

酒場中に私の雄叫びが響いた。笹山さんを前にすると私は驚いてばかりで、何かしら叫んでいる。

「人前で喋るのが苦手で、手も震えるような人間でしたが、ショック療法で俳優養成所に通いました。これまでの既定路線とはまったく違うタイプの人たちと出会い、初めて環境を変えられた。ただ、自分たちがマイナーであることに、付加価値を見出そうとする小劇団の雰囲気は苦手でしたね」

閉じたコミュニティに埋没したくない人なのだろう。笹山さんはメジャーだろうがマイナーだろうが、仲間内でつるむムラ社会を頑なに拒んでいるようだった。かたや私はムラの仲間に「お前は面白いよ」と承認されて、「そ、そう？　へへへ」とニンマリしたいタチなので、彼の指摘は耳が痛かった。

研究者に留まることを避け、みずからを「ミーハーな人間」だと語る笹山さん。その言葉を裏付けるように、彼がもっとも敬愛する芸人はダウンタウンだという。それまで理路整然と話していても、ダウンタウンをはじめ、好きなものの話題となると「うほっ！」と表情が明るくなり、前のめりになった。私もつられて、大好きなコント番組「志村けんのだいじょうぶだぁ」を熱く語る。

「♪ぴ〜、ぴぴぴぴ〜、ぴぴぴぴ〜、ぴぴぴぴ〜……」

私が「だいじょうぶだぁ」で、一ミリも笑えない悲しいコントがあったと伝えると、笹山さんは物悲しいBGMを口笛で再現してくれた。これ以上ない合いの手である。酒場に響くシュールなメロディーを聴きながら、私はジワジワと込み上げてくる笑いを噛み殺していた。

こうして西町の大衆酒場、虎楽《とらく》を根城に、取材から始まった笹山さんとの飲み会は、回を重ねるうちに好きな芸人やテレビ番組、高田純次、料理研究家の小林カツ代へと、話題はあっちゃこっちゃに脱線した。笹山さんは予想に反して気さくな人だった。車寅次郎好きの虎楽の大将、竹村良太郎さんとも意気投合。都はるみが登場する『男はつらいよ』は何作目だったかと悩む二人に、私は「とっととスマホで調べんかい」と思いつつも、久しぶりに気の置けない時間を楽しんでいた。しかし何よりも私は、笹山さんの「物書きとして世に出たい」という強い欲求と、それを実現するためのプランに刺激を受けたのだった。

大学に復学した笹山さんは、日本の近代演劇史を演技論で辿る博士論文を専門書『演技術の日本近代』(二〇一二年、森話社刊)として刊行。二〇一三年に日本演劇学会河竹賞奨励賞を受賞した。三十歳そこそこの若さで博論を出版することは、笹山さんの専門分野では珍しかった。笹山さんは自身の研究を、できるだけ多くの一般読者に読んでほしいと考えていた。二〇一四年に刊行された、笹山さんの二冊目の著作『幻の近代アイドル史』(彩流社刊)は、ＡＫＢ48を入り口に、明治から昭和にかけて活動した、〝会いに行けるアイドル〟の変遷を辿る異色のアイドル本である。川端康成や谷崎潤一郎も、浅草オペラの団員を追っかける〝アイドルヲタ〟だった史実が明かされ、文豪たちにも親近感が湧く力作だ。その出版までの道のりには、彼の計画の綿密さがあらわれている。

二〇一三年の春にアイドルをテーマにした企画を思いつき、それから半年間で一冊書き上げた。そして一般書を扱う出版社に、かたっぱしから企画書をメールし、原稿を持ち込んだのだという。それが人文書を多く出している東京の出版社、彩流社の編集者の目に留まり、印税は発生しないものの、出版社にすべての制作費を負ってもらい出版に至った。

『幻の近代アイドル史』は評判を呼んだ。そして、二〇一六年、文藝春秋から三作目の著作『昭和芸人　七人の最期』を出版することに繋がった。

「本を出すことは、〝私はこれができますよ〟と自分で手を上げること。商品化できるのは、自分の専門分野しかないと思います。本として結果を出すことで、実家への免罪符になってる部分はありますね」

笹山さんは誰にも文句を言われないために、自力で突破口を開いた。彼の中には、黙々と研究に打ち込む学者気質と、編集者的なセンス、商品を売り込む営業力が共存していた。しかし彼が本を一般書として広く流通させることにこだわるのは、そこに商機を見出したからでも、投資を回収したいという理由からでもなかった。

「日本の芸能史の中には、ちゃんと書いておかないと、存在を忘れ去られていく人たちがたくさんいます。私は埋もれていく歴史や人物を、そのままにしておきたくないんです。自分の本のことも、たとえ褒め言葉だとしても〝隠れた名著〟とは言われたくないですね。隠さないでほしいなって思います」

笹山さんには是が非でも伝えたいものがあった。芸能史からこぼれ落ちた人たちをすくい上げ、何としてでも彼らの生きた痕跡を残そうとする笹山さんの気迫に、私は「シャキッとせんかい！」とビンタされている気分になった。自分の箱庭の外にいるであろう、さまざまな考えを持った他者を想像し、互いの落としどころを模索するのが〝伝える〟ことであり、〝開く〟ことなのだろう。書きたいものを一方的に書き、読者を置いてけぼりにしてしまいがちな私が疎《おろそ》かにしてきた部分を、笹山さんは挫《くじ》けることなく地道に積み重ねていた。

尊敬すべき同世代の書き手との対話は、すっかり干からびていた私の知的好奇心を大いに満たしてくれた。しかし同時に、「あなたはここで、何をどう書いていくんですか」とシビアに問われているようでもあった。

『昭和芸人　七人の最期』について、笹山さんが私に語った言葉が心に残っている。

「私は彼らの弱さを書きたいと思ってます。七人の芸人が抱える闇は、私自身の闇でもあります」

ハタから見れば大企業のボンボンである笹山さんは、陽の当たる恵まれた人生を歩いているように思えるだろう。仕事と研究が両立できるのは、実家が太いおかげでもあると、彼も当然わかっている。しかし「家業を継がざるを得ないが、抗う気持ちはずっとある」と話す笹山さんの言葉には、切実な思いが見え隠れしていた。

「私は権威側ではなくマイノリティ側にいたいと思っています。でも向こうは私のことを味方とは思ってくれない」

この人も、社会に対して疎外感を抱え続けているのだろう。決められたレールからはみ出すことを許されなかったからこそ、笹山さんは書き続けているのだと思う。彼にとって書くことは、単なる趣味でも副業でもない。世の中と真摯に渡り合っていくために、必死になって獲得した、アイデンティティそのものだった。

私には笹山さんほどのストイックさはまるでないが、それでも私なりに切実な想いを抱えていた。富山の保守的な共同体に足をとられ、ズクズクと溺れていくなかで、「ピストン藤井」というAV男優のような名の飛び道具を使うことで、何とか息ができるようになった。それを隠れ蓑にすれば、本当は石橋を叩きすぎてカチ割るタイプにもかかわらず、余裕をかました人間になれると思った。〝行き遅れたアラフォー独女〟でも、面白おかしく生きているぞとマウントを取れる気がした。だがそうやって防御することは、結果的に、自分の内側と外側が乖離《かいり》していく状況も作り出していた。マジョリティの枠組みから逃れたくて、ピストン藤井というキャラを生み出したのに、今度は自分の作った枠組みにがんじがらめになっている。〝女たるもの〟という呪いをかけているのは、私自身だった。

3

本名で富山のリアリティを書いてみてほしいと、ひとりで出版社、里山社を営む友人の清田に持ち掛けられたときは、まず、絶対に無理だと思った。

DVD情報誌時代の同僚だった清田はハッキリと自分の意見を言うタイプで、八方美人でヘタレの私とは性格が正反対だった。しかしお互いに先の見えない日々に不安を抱え、残業帰りに一緒に夜の新宿をほっつき歩いた。富山に戻ってからもしょっちゅう東京にトンボ返りしては飲みに誘う私に、清田は何度も付き合ってくれた。

当時の清田は、里山社を立ち上げるために奔走していた。元ポンコツ編集者の私に、彼女の苦労がどこまで理解できたのだろうかと思うが、ただ、相当な覚悟を秘めていることはわかった。私は彼女にエールを贈るいっぽうで、「藤井は富山でどうしてる?」という質問に返せる言葉が見つからなかった。富山と東京の物理的な距離以上に、清田が遠い先へと行ってしまったと少し寂しかった。

いっぽう東京から引いた目線で眺めていた清田は、富山でドツボにはまっている私に島倉同様、「あなた無理してません?」と感じているらしかった。私に原稿を打診することで、手を差し伸べてくれようとしたのだが、私はそれを全力で拒んだ。自分には単行本を一冊書き上げるほどの筆力もないし、何も成し遂げていない無名ライターの手記なんぞ誰が読むんだとも思った。何より、狭い地元のサークル内とはいえ、チマチマと築き上げてきた〝変なおばさん〟ポジションを失いたくはなかった。帰郷した頃の居場所がない孤独を、私はふたたび味わいたくなかったのだ。

「〝何者にもなれなかった〟藤井が、地方でどう生きるかを正直に綴ることは、きっと同じような思いを抱えている人の力になると思う」

粘り強く説得する清田に押され、二〇一七年の一月に原稿を書き始めた。しかしいざパソコンに向かうと、ちょっとでも「書けるんじゃね?」と思った自分を、富山名物、氷見の寒ブリでぶん殴りたくなった。正直に書くことは、こうも難しいのか。足元を見つめることは、こうも怖いのか。とにかく、まるっきり、書けなかった。

それでも、地獄から召喚された鬼編集者と化した清田にケツを蹴られ続け、なんとか心のフン詰まりがとれた。すると逆に今度は体内黒部ダムが決壊し、堰き止めていた富山への鬱屈が、一気に溢れ出た。誇り高き郷土愛の持ち主であるはずの私が、こんなことでいいのかと自分に戸惑った。あれだけ書けなかったのは、自分が抱える閉塞感に、なんとしても気づきたくなかったからなのだろう。清田はまさにそこを突いてきたのだ。だがここまで手こずるとは、彼女も予想していなかったと思う。四千字足らずの初回原稿がウェブサイトでリリースできるまで、なんと約九カ月間も要したのだった。

清田はときに鬼になり、ときにカウンセラーとなりながら、最後まで粘り強く私に併走してくれた。清田の好きな富山産おかき十年分をプレゼントしても足りないぐらい、とても感謝している。そしてジタバタする私に、痛烈なダメ出しをしながらも見捨てずにいてくれる家族、フォローしてくれる薬局の職員さんたち、思いつきの瞬発芸に付き合ってくれる友人たちの存在なくしても、ここまで辿り着けなかった。皆さんにも、堀内孝雄よろしく「センキュッ!!」と全身全霊で感謝をお伝えしたい。

自分探しの着地点は、不惑の四十になってもいまだ見つからないが、それでも気づいたことがある。それは、私という人間は確固たる自我があるわけではなく、今まで出会ってきた人たちで形成されているということだ。誰かを傷つけたり、誰かに傷つけられることに、どうしようもなく不安になっても、この地に生きる人たちと関わろうとする気持ちが萎えることはない。それだけは、ピストン藤井としても、藤井聡子としてもブレない事実だった。自分が何者なのかは、他者を見ればわかる。


今の富山の街並みは、ものすごいスピードで均質化していく。それに対抗して、個性を奪われまいと戦う人たちも出てきている。だが、その両方からあぶれてしまう人たちは、どうすればいいのだろう。この街に足りないものは、どちらにも行けない人たちの受け皿となる、曖昧模糊としたわけのわからない狭間だ。

思えば総曲輪ビリヤードや日本海食堂、フォルツァ総曲輪も、世の中の狭間に佇んでいるようなものだ。私がこれらの場所を愛してやまないのは、ウジウジ、ウダウダ、モンモンを抱えたまま、漂うことを許してくれたからだ。店主たちは「こっちだぞ〜!」と招くでも、「こっちに来るな〜!」と門前払いをするでもない。それぞれの個性が行き交うグレーゾーンに、ただ平穏にいてくれる。田鶴子はある意味、富山の生ける忠犬ハチ公像だ。

「や〜ね、藤ちゃんったら、わたし、犬なんて大嫌いよ!」

すぐさま反論されそうだが、田鶴子には銅像のごとくずっと、総曲輪に鎮座していてほしいと私はわりと本気で願っている。日本海食堂の種口店長は、彼自身が旅人である。どこに行こうとも、彼が立っている場所にさまざまな人が集い、そこが開かれた異界になるだろう。


そしてフォルツァ総曲輪も、ふたたび異界への扉を開こうとしている。

「ピストン喜べ! フォルツァが復活するぞ!」

亡くなる直前、島倉が声を弾ませて私にそう報告してきたことがある。私も飛び上がって喜んだが、翌日すぐ「すまん! 例のアレ、ナシ!」と訂正がきた。それが島倉から私へ届いた、最後のメールになった。「おいコラ、なんとかしろ!」という私のメールへの返信はないままだ。

その後もフォルツァの再開に向けた話は二転三転した。私は噂を耳にするたびに一喜一憂し、なんとかしてくれるはずのタレコミ屋のオッサンの不在を嘆いた。街づくりのエキスパートでもない私に、行政を動かすことなどできるはずがない。だが島倉だって一介の市民に過ぎなかった。見込みがあろうがなかろうが、それでもフォルツァ復活を願って最後まで奔走していたのだ。

二〇一九年八月、「フォルツァ総曲輪が二〇二〇年三月に復活」という記事が北日本新聞に載った。改修などに四千五百万円の予算が計上され、民間企業や市民団体と連携して、当面は貸し館として運営する方針だという。以前のように常設の映画館として機能するかは、二〇一九年秋の時点では未定だ。シネコンではカバーできない小さな作品を上映し〝続けて〟いくことをフォルツァに期待していた島倉は、このニュースを聞いて喜んでいるのだろうか。なにはともあれ、新生フォルツァの幕は上がろうとしている。

休館していた三年間、私はフォルツァ再開のために何ができるのかを模索していた。しかし私にできることは、あくまで一介の市民として「フォルツァは私たち、市民のものだ」と訴え、行政と対話し続けることしかない。私はこれからも愛すべきポンコツ映画と出会いたいし、ピストン祭も絶対にやるし、今度こそ思いきり「ぷお〜!」とホラ貝も吹くつもりだ。フォルツァには純粋な映画ファンだけでなく、自分と対峙する暗闇を求めている人、先行きの見えないままに漂う人、さまざまな考えを持つ人に対して広く門戸を開く場所になってほしい。そんな居場所を生み、育てていくのは行政ではなく私たちなのだ。

「そこに人さえいれば何とかなる」

自分が駆け込めるシェルターを守っていきたいのなら、その言葉を胸に、私自身が狭間に立とうとする覚悟が必要だ。

今日も曇り空の下では、新築タワーマンション近辺のビリヤード場で、田鶴子がケンタッキーにかぶりついている。東京から進出してきたコンテナ横丁の並びで、ブックエンドの石橋さんが「お客さん、来ないな……」とつぶやいている。八百屋のオッサンという新たな職を得た中川さんが、野菜を売りつつフォルツァの復活を待ち望んでいる。大衆酒場で島倉の好きなニギスのすりみ揚げを食べれば、バーでボンベイ・サファイアを飲めば、あいつと過ごした濃厚な時間も瞬時に蘇る。

ここにいる彼らの姿と、ここにいたうさん臭いお祭り男を思い描けば、街は途端にユニークな表情を取り戻す。この一見、〝どこにでもある〟フラットな風景には、私が〝ここでしか〟出会えなかった人たちの人生、出来事がいくつも交錯しているのだ。

私はこれからも、富山のことを書き続けていきたい。デコボコとした営みがチグハグに乱立する街の姿をとらえることで、「一律に前へならえ！」に抵抗していくのが自分の役割だと思うからだ。きっと島倉は、安い日本酒をチビチビやりながら、あの日と同じようにこう言ってくれるはずだ。

「いっちゃいっちゃ。大丈夫やちゃ。あなたの言葉には力がある。それでいっちゃ」

島倉が言うようなものを、私が持てるのかはわからない。ただ、私にとってこの街が暗闇と光を併せ持つ場所であるように、島倉が寄り添い続けてくれたように、私の書く文章が、誰かにとって必要な居場所でありたいと思う。

藤井聡子（ふじい・さとこ）

一九七九年富山市生まれ。東京で雑誌編集者として勤務後、帰郷。ピストン藤井のペンネームで、富山ならではの個性の強い場所や人を探るライター活動を開始。二〇一三年ミニコミ『文藝逡巡 別冊郷土愛バカ一代！』を刊行。話題を集め、地元テレビやラジオへ活動を広げる。「まんまる」（北日本新聞社）でコラム連載中。

里山社
SATOYAMA SHA

http://www.satoyamasha.com/

どこにでもあるどこかになる前に。

富山見聞逡巡記

二〇一九年十月二十九日 初版発行
二〇二〇年四月七日 二刷発行

著者 藤井聡子
発行者 清田麻衣子
発行所 里山社
〒二一四-〇〇三二 神奈川県川崎市多摩区枡形一-一二-三-二〇二
電話 〇四四-七一二-四一〇〇
FAX 〇四四-七一二-四一〇四

印刷・製本 モリモト印刷株式会社

表紙写真提供 富山駅写真＝「駅への旅・駅からの旅」（http://frederic1no1tabi.net）、その他＝日本海食堂、総曲輪ビリヤード、島倉和幸、京角真谷（[illegible]）、山崎秀幸他

日本音楽著作権協会（出）許諾 第1908150-901号

ISBN 978-4-907497-09-5 C0095